QUI EST

RESPONSABLE

DE

LA GUERRE?

Par SCRUTATOR

TRADUIT DE L'ANGLAIS SUR LA 2e ÉDITION

AVEC UNE INTRODUCTION

Par M. ALFRED SUDRE

PARIS

F. AMYOT, LIBRAIRE-ÉDITEUR

8. RUE DE LA PAIX, 8

1871

QUI EST

RESPONSABLE DE LA GUERRE?

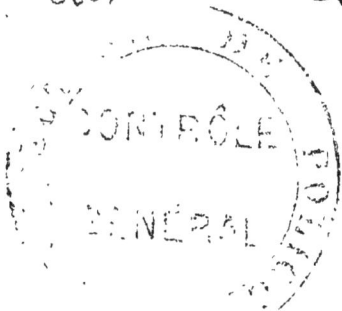

QUI EST

RESPONSABLE

DE

LA GUERRE?

PAR SCRUTATOR

TRADUIT DE L'ANGLAIS SUR LA 2ᵉ ÉDITION

AVEC UNE INTRODUCTION

Par M. ALFRED SUDRE

PARIS

F. AMYOT, LIBRAIRE-ÉDITEUR

8, RUE DE LA PAIX

——

1871

INTRODUCTION

Dans la séance de l'Assemblée nationale du 16 juin 1871, un orateur déplorait que l'on rejetât sur le gouvernement déchu, seul, la responsabilité de la guerre qui a été si fatale à la France, et qu'aucune protestation, aucun blâme ne se fût élevé contre la Prusse et M. de Bismarck. Cette plainte de l'honorable M. Haentjens était assurément fondée, et c'est sans doute pour y faire droit qu'un autre membre proposa peu après à l'Assemblée d'instituer une commission, qui serait chargée de rechercher et d'apprécier les causes de la guerre de 1870. Il y a lieu de penser que la vérité sortirait avec éclat d'une semblable enquête (1).

En attendant, sous l'influence des assertions de la presse étrangère inféodée à la Prusse, aveuglément répétées par plus d'un journal français, l'opinion s'est répandue chez un grand nombre d'esprits, que la guerre de 1870 avait été déclarée par

_____

(1) Cette proposition, émanée de l'honorable M. Le Royer et appuyée par la commission d'initiative, vient d'être rejetée par l'Assemblée, à la grande surprise du public, dans la séance du 8 décembre.

la France sans aucune raison sérieuse et que le
gouvernement impérial n'y avait vu qu'un moyen
de raviver sa popularité chancelante, et peut-être
un expédient pour reconquérir, à la suite d'une
campagne victorieuse, la plénitude du pouvoir absolu. Si ces appréciations n'avaient d'autre portée
que d'ajouter un grief de plus, fondé ou non, aux
reproches trop légitimes que la nation française
est en droit d'adresser à l'homme qu'elle avait
laissé s'emparer de ses destinées, il serait permis
de les négliger et de laisser aux historiens de
l'avenir le soin de démêler la vérité. Mais on ne
saurait oublier qu'aux yeux de l'étranger, la France
ne peut décliner complétement sa solidarité avec
son ancien gouvernement, et que son ennemi prétend justifier ses cruelles exigences par les torts de
celui-ci. Il importe donc de rechercher si, en réalité, la guerre de 1870 a été déclarée par le Gouvernement français sans raison aucune et sous un
frivole prétexte, ou si cette guerre a été dès l'origine cherchée sciemment et volontairement par la
Prusse, et déterminée au dernier moment par celle-
ci au moyen d'une injure gratuite et sans excuse.

Cette grave question de savoir sur qui doit
peser la responsabilité morale de la guerre a été
traitée d'une manière approfondie en Angleterre,
dans un écrit qui a produit une vive impression

sur les esprits indépendants et éclairés. Au mois d'octobre 1870, le journal le *Times* avait ouvert ses colonnes à des lettres signées des initiales M. M., où l'on s'efforçait d'établir que la France avait déclaré la guerre à l'Allemagne sans aucune espèce de raison ; qu'en conséquence, il était juste qu'elle en fût punie par la perte de deux provinces et par une énorme indemnité de guerre. L'auteur de ces lettres était le professeur Max Müller, savant linguiste allemand établi en Angleterre, où il a publié en anglais des écrits intéressants sur la langue et la civilisation primitives des peuples aryens. Un écrivain inconnu répondit à M. Max Müller par une lettre adressée à l'éditeur du *Times* et signée du pseudonyme expressif de *Scrutator*, qui parut dans le numéro du 27 octobre 1870, sous cet intitulé : *La paix est-elle possible ?* M. Müller répliqua, et une polémique épistolaire, continuée jusqu'au 15 novembre, s'engagea entre le professeur allemand et le mystérieux *Scrutator*, qui, avec cette pleine connaissance du sujet, cette force d'argumentation, cette urbanité ironique dont les polémistes anglais ont conservé la tradition depuis les lettres de Junius, n'eut pas de peine à réduire à néant les arguments de son adversaire.

Dans les quatre lettres qui constituent les éléments de cette polémique, *Scrutator* s'attacha à établir qu'il n'était nullement exact que la guerre eût été absolument non provoquée de la part de la Prusse. Il démontra que si l'on pouvait reprocher à la France quelques rêves platoniques de reprendre la frontière du Rhin, l'Allemagne nourrissait depuis cinquante ans la pensée bien autrement sérieuse et arrêtée de conquérir l'Alsace et la Lorraine ; qu'une telle conquête, opérée malgré le vœu des populations, serait un pas rétrograde dans le droit public européen, un retour aux violences de l'antique barbarie, et un brandon de discordes futures plutôt qu'un gage du maintien de la paix ; enfin, qu'elle serait une violation des promesses contenues dans les proclamations lancées par le roi de Prusse et par le Prince royal au début de la campagne, et par lesquelles on déclarait faire la guerre à l'Empereur des Français seul et non à la nation française.

Ces lettres furent particulièrement désagréables à la presse allemande, et un journal de Berlin en fit remonter la paternité à M. Gladstone, le premier ministre d'Angleterre, en exprimant l'espoir que cet homme d'Etat ne trouverait bientôt plus assez de loisir pour écrire de nouveaux articles de ce genre. Rien n'est venu depuis lors confirmer ou démentir cette désignation du journal prussien ; mais elle suffit pour attester la haute valeur que des appréciateurs malveillants reconnaissaient aux lettres de *Scrutator*.

Cependant la guerre avait continué ses ravages, les désastres s'étaient accumulés sur la France, dont la cause était désormais dégagée de toute solidarité avec le gouvernement impérial. Paris venait de succomber, et à la suite de l'armistice du 28 janvier, les négociations pour la paix s'engageaient avec le nouveau gouvernement issu du vote de la nation. C'est alors que *Scrutator* reparaît dans l'arène, par la publication d'un écrit beaucoup plus développé que ses premières lettres. Il se demande quel jugement on doit porter sur les conditions de paix proposées à la France par M. de Bismarck, et il proclame que la réponse doit être subordonnée à la solution de cette question, dont il fait le titre de sa brochure : « *Qui est responsable de la guerre?* » Pour la résoudre, *Scrutator* se livre à une étude approfondie des documents diplomatiques relatifs à la querelle entre la France et la Prusse, principalement de la correspondance des ambassadeurs anglais avec le Foreign-Office; il suit jour par jour les phases du débat diplomatique; il le montre près de s'éteindre et se ranimant sous le souffle perfide de M. de Bismarck; il explique le prétendu esclandre d'Ems et le fameux télégramme par lequel le chancelier de l'Allemagne du Nord infligeait un outrage réel à la France, par la supposition d'un outrage imaginaire, tout en se réservant la faculté de désavouer l'injure quand son funeste effet aurait été produit. Scrutator arrive alors à cette conclusion, que non-seulement la guerre n'a pas été absolument « non provoquée » de la part de la Prusse, comme il l'avait timidement avancé dans ses lettres au *Times*, mais qu'elle a été cherchée de parti pris par le ministre dirigeant de cette puissance, préparée de longue main, et précipitée au dernier moment par des artifices frauduleux, dont le but était de rejeter sur la France en 1870, comme on l'avait fait à l'égard de l'Autriche en 1866, l'odieux d'une apparente agression.

Cependant l'écrit de *Scrutator* n'est pas une apologie du gouvernement impérial. Loin de là, l'auteur constate et condamne formellement sa profonde incapacité et l'aveugle précipitation avec laquelle il s'est jeté dans le piége tendu par son trop habile adversaire. Mais, si le gouvernement français est coupable devant l'humanité et surtout devant la France, pour avoir, sans nécessité absolue, engagé une guerre à laquelle il n'était pas préparé, la Prusse est plus coupable encore d'avoir provoqué cette guerre, et d'avoir fait échouer, par ses refus et par une indigne manœuvre, les efforts tentés par les neutres et par la France elle-même pour la prévenir.

Notre auteur n'est pas non plus animé d'une bienveillance particulière envers la France. Il prend soin de nous avertir que ses prédilections ont toujours été plus allemandes que françaises, et que, pendant la première période de la guerre, il se réjouissait des désastres de la France. Mais quand, après la capitulation de Sedan, il vit l'Allemagne s'acharner sur un ennemi abattu et repousser systématiquement une paix modérée et honorable, il fut amené à étudier les faits avec plus de soin, et de cette étude résulta pour lui la conviction que le comte Bismarck était l'homme sur lequel devait peser la responsabilité de tant de malheurs et de carnage. Ce verdict a donc d'autant plus de valeur qu'il émane d'un homme étranger par sa nationalité aux passions des belligérants, et qu'il a été arraché par la force de la vérité à un ami et un admirateur de l'Allemagne. Les raisons sur lesquelles il est appuyé nous ont paru tellement concluantes, elles sont confirmées par des documents tellement concordants et irrécusables, que nous avons cru faire un acte utile à notre malheureuse patrie en traduisant l'écrit de *Scrutator*, de manière à lui donner la publicité dont il est digne, en France et dans les contrées de l'Europe où notre langue est plus répandue que l'anglais.

L'écrivain anonyme que nous traduisons est pourtant loin d'avoir épuisé les considérations que suggère à un juge impartial la criminelle conduite de la Prusse. Il s'est borné à étudier les faits spéciaux qui ont amené l'explosion de la guerre, les incidents de la candidature Hohenzollern, et, même en ramenant la question à ces termes étroits, il a dû reconnaître que la Prusse était le véritable agresseur. Mais combien la conduite de cette puissance n'apparaîtrait-elle pas sous un jour plus odieux, si on la rapprochait du trop bienveillant concours que la politique prussienne avait rencontré dans la diplomatie impériale depuis 1862! Qui donc, en abandonnant les garanties établies par le traité européen de 1852, en faveur de l'intégrité de la monarchie danoise, en paralysant l'opposition de l'Angleterre et de la Russie, a rendu possible la guerre des duchés, par laquelle a commencé la série des empiétements prussiens? Nul n'ignore que c'est Napoléon III qui, par cette concession aux passions du pangermanisme, a permis cette première infraction à l'équilibre européen et ouvert la carrière aux ambitions allemandes. Quel est le souverain dont M. de Bismarck, méditant sa rupture avec l'Autriche, allait solliciter et obtenait au moins la neutralité bienveillante, dans les mystérieuses entrevues de Biarritz? Qui a noué, ou tout au moins toléré, quand il pouvait l'empêcher d'un mot, l'alliance de la Prusse et de l'Italie? Enfin, lorsque la Prusse hésitait encore à franchir le pas décisif, qui a levé ses derniers scrupules et lui a donné le signal de l'action, par le trop fameux discours d'Auxerre? Ces actes de Napoléon III constituaient des fautes énormes, on peut dire des crimes contre les plus chers intérêts de la France; mais c'étaient d'inappréciables services rendus à la Prusse. Que celle-ci, une fois victorieuse, ait refusé de payer le prix de ces services; qu'elle ait dénié à la France une aussi faible compensation que l'annexion du Luxembourg: ce sont là des témoignages de mau-vais vouloir dignes de blâme, et qui cependant ne dépassent pas la mesure de l'ingratitude et de l'égoïsme dont l'histoire offre de trop nombreux exemples. Mais que la Prusse, par la candidature Hohenzollern, ait encore pris l'initiative d'une agres-sion directe contre la nation qui avait toléré et même favorisé ses agrandissements, contre l'homme dont elle avait platement sollicité et obtenu le concours : ce sont là des actes qui excèdent les limites jus-qu'ici connues de la perfidie et de l'immoralité poli-tiques, et qui devraient servir de leçon et d'exemple aux nations et aux gouvernements dont l'appui direct ou la connivence tacite a facilité ou favorisé les déplorables succès de la politique prussienne.

Enfin, après avoir prononcé une juste condamnation contre l'annexion violente de l'Alsace et de la Lorraine au nouvel Empire prussien, *Scrutator* aurait dû flétrir énergiquement l'épouvantable exaction que la Prusse a imposée à la France, déjà épuisée par ses désastres, par des réquisitions impitoyables, par des dévastations et des pillages systématiques. Il était admis, dans le droit public de l'Europe, qu'une nation vaincue dans une guerre injustement soutenue par elle, pouvait être, à la rigueur, condamnée à rembourser au vainqueur les frais de cette guerre ; et encore, ce principe n'avait-il jamais été appliqué dans toute son étendue. Mais, extorquer au vaincu, sous prétexte d'indemnité, une somme quatre ou cinq fois supérieure aux dépenses réelles de la guerre ; exiger des cessions de territoire et de population, sans admettre, en compensation de l'indemnité de guerre, la part de la dette publique antérieure incombant à cette population, c'est transformer la victoire en une ignoble spéculation, c'est introduire dans les relations internationales les procédés des brigands de la Grèce ou des Abruzzes, c'est porter une atteinte mortelle au principe de la propriété, déjà si gravement menacé dans toute l'Europe par des sectes fanatiques.

On assure que dans les récentes entrevues de Salzbourg et de Gastein, le prince de Bismarck et M. de Beust ont recherché les moyens de s'opposer à la propagande des théories socialistes et communistes, et aux progrès de l'Internationale. Mais, il y a lieu de se demander quel principe de droit ou de morale le chancelier de l'Allemagne du Nord pourra invoquer contre l'Internationale et la Commune, qu'il n'ait lui-même outrageusement violé, quels crimes il pourra leur reprocher dont les généraux et les soldats de la Prusse n'aient donné l'exemple.

La prétention du socialisme, de quelque nom qu'il se pare, c'est de substituer violemment à l'ordre économique basé sur le libre jeu des facultés et des volontés humaines un état de choses où ces facultés et ces volontés seront soumises à une perpétuelle contrainte, sous le prétexte du bonheur commun; son but réel, c'est d'arracher aux détenteurs actuels les biens acquis par leur travail ou par celui de leurs pères, pour en faire une répartition nouvelle. Son caractère essentiel se résume donc dans une double attaque contre les principes de la liberté morale et de la propriété. Or, quelle atteinte plus violente peut-on porter à la liberté d'une population que de l'arracher malgré elle au

corps politique dont elle fait partie, pour la ratta-
cher de force à une nationalité qu'elle déteste? Est-
il une violation plus flagrante du droit de propriété, que de dire à un peuple vaincu : « Par ton
travail, par ton intelligence et ton économie, tu es
devenu opulent et prospère, tandis que j'ai cherché
surtout à devenir fort. Comme j'ai sur toi l'avantage des armes, tu vas me livrer ces richesses que
tu as créées. Ce crédit que tu as acquis par ton
ardeur laborieuse et ta bonne foi, tu vas l'épuiser
à mon profit pour ta ruine présente et celle de tes
générations futures ; sinon, j'achève de t'arracher
la vie que je ne te laisse que pour avoir en toi un
débiteur et un tributaire. » — Voilà les actes
commis, les doctrines appliquées par le nouvel empire germanique et par son chancelier. Quelle autorité morale peuvent-ils désormais posséder pour
défendre, contre les sectateurs de la Commune et
de l'Internationale, les principes de la liberté dans
l'ordre social et du respect de la propriété, qu'ils
ont eux-mêmes foulés aux pieds?

A une si courte distance de la guerre de Crimée,
entreprise dans un intérêt européén, conduite
avec la plus chevaleresque humanité, du traité de
Paris qui la termina par des stipulations si modérées à l'égard du vaincu, et qui semblait devoir
introduire les principes de l'équité arbitrale et du

respect réciproque dans les dissentiments internationaux, enfin dans le dernier tiers du XIXᵉ siècle, qui aurait pu croire que l'on verrait un diplomate perfide et impitoyable évoquer de propos délibéré une ère de fer et de sang, les peuples de l'Allemagne embrasser aveuglément cet atroce système, dont ils ont été les premières victimes; la violence et la conquête redevenues comme aux temps barbares la loi suprême de la politique; les populations transférées malgré elles sous une domination étrangère; la guerre transformée en une spéculation d'usuriers et devenant par là un moyen de préparer et d'alimenter de nouveaux attentats contre l'humanité; le droit des gens foulé aux pieds, l'équilibre détruit, et cette même Europe que trouvèrent indocile la fierté d'un Louis XIV et le génie d'un Napoléon Iᵉʳ, s'incliner humblement devant l'astuce et la brutalité d'un hobereau poméranien! Certes, un tel spectacle est bien de nature à éveiller dans les âmes ce doute mélancolique qu'inspirait au dernier des grands poëtes de Rome la vue des succès et de l'insolence d'un ministre pervers:

Sæpè mihi dubiam traxit sententia mentem
Curarent superi terras, an nullus inesset
Rector et incerto fluerent mortalia casu (1).

---

(1) Claudien, contra Rufinum.
« Souvent mon esprit hésitant s'est demandé si les im-

Cependant nous ne saurions croire que les grands principes d'humanité, de justice et de civilisation puissent succomber pour longtemps sous le militarisme prussien et l'insolent orgueil du pangermanisme. Ils trouveront dans l'avenir d'autres défenseurs qu'un empereur hébété, des généraux présomptueux et incapables, des armées désorganisées par le favoritisme. Espérons encore qu'après une période de douleurs et de doute, nous pourrons nous écrier un jour avec Claudien :

Abstulit hunc tandem Rufini pœna tumultum
Absolvitque deos. Jàm non ad culmina rerum
Injustos crevisse queror : tolluntur in altum
Ut casu graviore ruant (1).

Pour hâter l'aurore de ce jour désiré, la France ne peut compter que sur elle-même. Reléguant au second plan ces théories économiques et ce cosmopolitisme humanitaire qui lui ont été si funestes, elle doit raviver ses antiques traditions d'héroïsme

---

mortels s'occupaient de la terre, ou bien si, privées de direction, les choses humaines flottaient au gré d'un aveugle hasard.

(1) Claudien contra Rufinum.

« Ces doutes, le châtiment de Rufin est enfin venu les dissiper et absoudre les Dieux. Que les méchants atteignent au faîte de la puissance, je ne m'en plaindrai plus. Ils ne s'élèvent à cette hauteur que pour tomber d'une plus lourde chute.

et redevenir, puisqu'on l'y force, un peuple soldat. Il faut qu'elle s'inspire désormais des exemples de Sparte et de Rome au temps de leur vertu, et non de ceux de Carthage et d'Athènes dans sa décadence. Quand elle sera parvenue à obtenir la juste réparation des excès commis contre elle, alors il sera temps de revenir aux généreux principes de la philanthropie et de la fraternité des peuples, alors peut-être sera-t-il mis un terme à cette résurrection de l'âge de fer, que l'ambition de deux hommes a imposée à l'Europe. On raconte qu'un prince de l'antiquité, vainqueur d'une nation cruelle, lui imposa par le traité de paix l'abolition des sacrifices humains auxquels elle était adonnée. Il serait digne de la France, si jamais elle reconquiert son ascendant, d'en user pour provoquer la suppression du système barbare qui sacrifie des générations entières au Moloch de la guerre, la limitation réciproque des armées et l'adoption d'un code du droit des gens conforme à l'humanité, au christianisme et à la civilisation : mais il n'appartient de poser de telles conditions qu'aux sages et aux victorieux !

12 décembre 1871.

ALFRED SUDRE.

PRÉFACE DE L'AUTEUR

Les principaux points que l'auteur s'est efforcé d'établir dans les pages ci-après sont les suivants :

1° Que la candidature d'un Hohenzollern au trône d'Espagne a constitué un grief légitime pour la France, et a été reconnue comme telle par les puissances neutres ;

2° Que le gouvernement français, malgré diverses indiscrétions dont le comte Bismarck a fait adroitement usage contre lui, désirait réellement une solution pacifique de la question;

3° Que le comte Bismarck a conduit l'intrigue Hohenzollern avec les yeux pleinement ouverts sur toutes les conséquences qui s'en sont suivies;

4° Que la Prusse n'a jamais retiré ni directement ni indirectement la candidature du prince Léopold de Hohenzollern, et que le retrait éventuel du prince a eu lieu de manière à laisser le grief de la France précisément au même point où il se trouvait au commencement de la querelle;

1

5° Que néanmoins la France cherchait toujours une solution pacifique, et sollicitait les bons offices de l'Angleterre pour cet objet;

6° Que le comte Bismarck rejeta rudement la médiation de l'Angleterre et précipita la guerre, par l'invention gratuite et la publication d'un affront imaginaire infligé par le roi de Prusse à l'ambassadeur français à Ems;

7° Que l'intention arrêtée de la Prusse de provoquer une guerre avec la France est prouvée par d'autres circonstances, et particulièrement par le refus qu'opposa le comte Bismarck aux offres répétées de la France de s'unir dans une politique de mutuel désarmement;

8° Qu'au commencement de la guerre, le roi de Prusse et le comte Bismarck ont tous les deux publiquement admis « que le peuple français était réellement animé de dispositions pacifiques et ne demandait que la tranquillité, » aveu qui est en contradiction avec la demande ultérieure d'une cession de territoire français, sous le prétexte que la nation française aurait désiré et approuvé la guerre contre l'Allemagne;

9° Que le comte Bismarck exige des territoires français, non comme une sécurité contre l'esprit agressif de la France, mais comme un moyen de maintenir le système militaire de la Prusse et de comprimer le libéralisme germanique ;

10° Que dans sa détermination de s'emparer de territoires français, l'Allemagne non-seulement s'abstient de donner, comme le prétend M. Edward Freeman, « un nouvel et meilleur exemple à tous « les vainqueurs futurs »; mais qu'au contraire elle fait faire un énorme pas en arrière à la civilisation, et qu'elle viole un principe qui prenait tranquillement sa place dans les mœurs politiques de l'Europe moderne.

A l'appui de toutes ces propositions, l'auteur pense avoir produit des preuves abondantes, et il attend avec confiance le verdict de quiconque lui fera l'honneur de lire ces pages.

L'auteur est tenté de citer ici un amusant spécimen de quelques-unes des informations « dignes de foi » que les journalistes allemands ont, dans ces derniers temps, eu l'habitude de communiquer à leurs lecteurs. La citation fait partie d'un article qui a paru dans un journal de Berlin pendant la seconde quinzaine de novembre dernier.

« Le *Times* publie dans son numéro du 15 courant, sous ce titre : « La paix est-elle possible? » un article hostile à la Prusse, contenant spécialement les imputations les plus frivoles contre la politique du comte Bismarck. Nous apprenons d'une source digne de foi que l'auteur de l'article, qui signe « Scrutator », n'est autre que le premier ministre anglais, M. Gladstone. En outre, le *Times* a déjà publié dans son numéro du 17 courant, sous ce titre : « Les détracteurs du comte Bismarck », une réponse qui est signée par le docteur Forbes Campbell, un des publicistes les plus estimés de l'Angleterre. On y prouve à M. Scrutator qu'il a malicieusement torturé le sens des expressions du chancelier fédéral. Suivant toute probabilité, le premier ministre anglais ne trouvera pas de sitôt des loisirs pour écrire de nouveaux articles de ce genre. »

Dans une de ses lettres au *Times*, l'auteur avait dit que le comte Bismarck avait déclaré, quelques années auparavant, que les questions politiques devaient être décidées, « non par des majorités ou des minorités dans un parlement, mais par le fer et le sang ». C'est là ce que son censeur berlinois stigmatise comme l'acte de « torturer malicieusement les expressions du chancelier fédéral ». Quelles ont donc été les paroles réelles du comte Bismarck? — Elles ont été prononcées dans un discours qu'il fit, comme premier ministre, à la Chambre des représentants prussiens, le 29 septembre 1862, et sont ainsi rapportées par son admirateur et biographe allemand Hesekiel :

« Les grandes questions du jour ne doivent
plus être décidés par des discours et des majorités,
— ce fut l'erreur de 1848 et 1849, — mais par le
fer et le sang. » Il est parfaitement vrai que cette
expression « le fer et le sang » a été originairement
employée par le poëte lyrique allemand Mosem.
Mais lorsqu'un homme d'État exprime un sentiment au moyen d'une citation, il s'approprie ce
sentiment plus complétement encore que s'il l'avait
énoncé fortuitement dans la chaleur du débat. On
ne voit donc pas clairement ce que signifie cette
assertion du journaliste de Berlin, « que M. Scrutator a malicieusement torturé les expressions du
chancelier fédéral ». L'auteur ne serait que trop
heureux d'avoir à reconnaître que, dans cette circonstance ou dans toute autre, il s'est mépris sur
le caractère et la conduite d'un homme d'État dont
la politique sans scrupule constitue un sérieux
danger pour les libertés de l'Europe. Le comte
Bismarck n'est allé que trop loin dans une voie
qui ravive les plus mauvaises traditions du temps
passé, de ce temps où l'on pouvait définir un diplomate « un homme envoyé à l'étranger pour
mentir au profit de son pays ».

On remarquera que l'auteur a modifié son opinion sur deux ou trois points, depuis qu'il avait
écrit les lettres que l'éditeur du *Times* a eu la bonté

de publier et qui sont reproduites à la fin du volume (1). Mais il désire faire clairement comprendre qu'il excepte le prince royal de Prusse de toutes les critiques exprimées ou impliquées par les pages suivantes. Ce prince est la seule figure que, dans cette guerre, le jugement universel de l'Angleterre ait proclamée *sans peur et sans reproche.*

Londres, le 22 février 1871.

---

(1) Nous avons cru inutile de donner la traduction de ces lettres, parce qu'elles n'ajoutent que peu de chose aux arguments développés dans le corps de l'ouvrage.

(Note du traducteur.)

QUI EST RESPONSABLE

DE LA GUERRE ?

Quel jugement devons-nous porter sur les conditions de paix offertes à la France par le comte Bismarck? Devons-nous les déclarer équitables, ou faut-il les dénoncer comme iniques? — Cela dépend du genre de réponse que nous sommes préparés à donner à cette première question : Qui est pleinement responsable de la guerre? Les apologistes de l'Allemagne ont prétendu, dès le principe, que la France avait attaqué l'Allemagne sans aucune espèce de provocation. Même dans ce cas, l'Allemagne trouverait difficile de justifier aux yeux de l'Europe, si ce n'est par la loi du talion pratiquée dans les guerres des sauvages, les conditions auxquelles elle offre de déposer l'épée. Mais la guerre était-elle absolument « non provoquée? » La généralité du peuple de ce pays, et aussi de toute l'Europe, pense qu'il en a été ainsi; et telle a été ma propre opinion pendant la première période de la campagne. Ma sympathie et mon jugement étaient du côté de l'Allemagne, et je me réjouissais de tous les désastres de la France, portés à leur comble par la capitulation de Sedan. Je pensais que les Allemands avaient alors une occasion de faire la paix la plus glorieuse et probablement la plus durable que le monde eût vue depuis plusieurs générations. Cependant j'en étais encore à ne pas douter que la France, ou plutôt le gouvernement impérial n'eût été coupable d'engager une guerre non provoquée. A ce moment, j'eus l'honneur d'entamer une controverse amicale avec le professeur Max Müller sur ce sujet dans les colonnes du *Times*, et cela me conduisit à examiner les faits en eux-mêmes plus soigneusement que je ne l'avais fait jusque-là. Le résultat de cet examen fut que je cessai de penser que la guerre eût été non provoquée de la part de la Prusse. Au contraire, je crois que le comte Bismarck est, à l'heure qu'il est, l'homme le plus responsable en Europe pour les malheurs et le carnage des six derniers mois. Je regrette d'être obligé de faire cet aveu, car mes prédilections ont toujours été plus allemandes que françaises. J'ai toujours été habitué à regarder les Allemands comme un peuple sérieux, pacifique et loyal. Dans les aberrations mêmes de leur développement intellectuel, et jusque dans la critique destructive par laquelle ils ont attaqué les croyances les plus chères à la chrétienté, je croyais voir la preuve d'un amour de la vérité sincère, quoique égaré. Je ne puis encore me résigner à la pensée que j'ai été trompé. Les Allemands, comme nation, estiment qu'ils ont eu à repousser une guerre non provoquée. Il y a peu à les en blâmer, quand on voit qu'ils partagent cette opinion avec la grande majorité des Anglais. Et pourtant je crois pouvoir prouver que, quelque inconsidérés et criminels qu'aient pu être l'empereur Napoléon et ses ministres, — et je n'ai aucun désir de pallier leur culpabilité, —ils n'ont été que d'aveugles marionnettes dans les adroites mains du comte de Bismarck. Je ne vois aucune autre conclusion possible à tirer des faits dont je vais maintenant entamer le récit.

Au commencement de juillet dernier, l'Angleterre se félicitait de la perspective d'une longue paix. Le sous-secrétaire permanent du *Foreign Office* venait de dire à lord Granville qu'il ne pouvait pas se rappeler un sommeil aussi profond dans la politique européenne. Cependant, ce n'était que le calme qui présage l'approche de la tempête. Le 4 juillet les journaux de Paris, et le lendemain ceux de Londres contenaient les télegrammes suivants :

Madrid, 2 juillet.

« Le maréchal Prim est revenu ici pour présider ce soir un important conseil des ministres. Il retournera à Vichy à la fin de juillet. L'assertion de l'*Epoca*, que des négociations ont commencé avec un prince de la famille régnante de l'Allemagne du Nord, est sans fondement. »

Madrid, 3 juillet (après-midi).

« On annonce que le général Prim a envoyé une

députation en Prusse, pour offrir la couronne d'Espagne à un prince de Hohenzollern, qui a accepté la proposition. On ajoute que le prince sera proclamé roi sans aucune sanction préliminaire des Cortès. »

Madrid, 3 juillet au soir.

« Plusieurs journaux confirment la nouvelle que le gouvernement est en négociation avec un nouveau candidat au trône..... L'*Impartial* annonce que, dans le conseil des ministres qui sera tenu demain ou mardi, à la Granja, sous la présidence du régent, la question du candidat au trône sera discutée. »

La presse de Paris sonna aussitôt l'alarme, et déclara avec autant d'unanimité que d'énergie que l'accession d'un Hohenzollern au trône d'Espagne impliquait un sérieux danger pour la France. Le 5 juillet, le gouvernement espagnol élut formellement le prince Léopold de Hohenzollern-Sigmaringen, et le jour suivant la presse de Londres commença à discuter ce sujet. Je crois qu'elle fut unamine à condamner ce projet. « Nous ne « sommes nullement surpris de cette véhémente « explosion de la jalousie française, disait le « *Times* du 7 juillet, mais nous sommes étonnés « que même un maréchal espagnol ait eu assez « d'aveuglement ou de don-quichotisme pour la « provoquer. Nous sommes intéressés à la paix de « l'Europe, et, de ce point de vue, il est difficile « de considérer cette démarche de Prim sans « éprouver toute l'indignation que doit exciter un « procédé aussi inconsidéré. » — Après quelques

observations dans le même sens, le *Times* conti-
nuait ainsi :

« Depuis la révolution qui a dépossédé Isabelle du
trône, le gouvernement français a toujours exercé sur
la situation une surveillance tranquille, mais non
inattentive. Sa conduite a été, autant que nous sachions, strictement juste et honorable. L'Empereur,
quoique en termes amicaux avec la reine, avec laquelle il avait récemment échangé des visites, a respecté la volonté de l'Espagne, et pendant près de
deux ans, le gouvernement provisoire a eu ses coudées
franches. Il est impossible de supposer que Napoléon
soit insouciant de ce qui se passe dans un pays si
étroitement lié au sien..... Il y a un certain person-
nage auquel l'imagination populaire attribue généralement une astuce surhumaine, et les Français ont
vu la main du machiavélique Bismarck dans tout
événement inattendu depuis Sadowa. Beaucoup
d'entre eux sont convaincus que Bismarck a fait la
révolution espagnole, pour distraire l'attention de
l'Empereur et engager ses armées. Quel effet produira
donc l'annonce positive qu'un prince prussien va ré-
gner à Madrid ?..... On doit rappeler aussi que le
frère de Léopold est ce même Charles de Roumanie
qui s'est frayé si adroitement le chemin d'un quasi-
trône quatre ans auparavant. Ainsi, l'on pourrait dire
que la Prusse s'emparait de la domination dans
l'Orient et l'Occident, tandis que son alliance italienne
la mettait à même d'entourer la France d'un cordon
d'Etats auxiliaires. »

Le 8 juillet, le *Times* contenait un article encore
plus fort, dont voici un échantillon :

« Une pensée qui semble avoir saisi toutes les classes, c'est qu'il s'agit d'un point sur lequel la France doit se maintenir ou tomber. Qu'elle cède en cette circonstance, et son honneur, son salut même sont compromis..... Peu d'Anglais, même de ceux qui sont en relation avec la société étrangère, peuvent comprendre la profondeur du sentiment français sur ce sujet. Elle est telle qu'il pourrait être dangereux, sinon fatal pour le gouvernement, de s'y opposer ou de professer l'indifférence ou la non-intervention..... Mais, tout en maintenant le droit de la nation espagnole à se choisir son propre gouvernement en l'absence de toute pression étrangère, nous n'hésitons pas à déclarer que la manière dont cette négociation a été conduite est au plus haut degré répréhensible, et qu'elle excuse, si elle ne justifie, l'attitude de la France. Il paraît certain que l'affaire a été traitée avec un profond secret. Quels en ont été les négociateurs ? On ne nous le dit pas encore. Il y avait naturellement le général Prim d'un côté ; mais on ne révèle pas quelles étaient les parties dans la transaction, de l'autre part. Ce qui est bien constaté, c'est que la France a été complétement tenue dans l'ombre. M. Mercier, le ministre français à Madrid, ne savait rien de ce qui se tramait. M. Benedetti, à Berlin, était dans une égale ignorance. L'Empereur des Français et ses ministres n'ont probablement entendu parler de l'affaire que quelques heures avant le grand public. Il ne peut y avoir qu'une interprétation de tels procédés : c'est que, pour une raison ou pour une autre, les parties désiraient que le gouvernement français fût tenu hors d'état d'exprimer une opinion, jusqu'à ce que l'affaire fût réglée et l'élection du prince devenue, comme elles le pensaient, irrévocable. Nous ne savons pas pendant combien de temps les négociations se sont poursuivies ; mais pas le plus léger bruit n'en était parvenu à l'oreille des représentants étrangers, et la plupart des gouvernements européens ont appris l'affaire pour la première fois par les journaux. Or, une telle conduite, nous le disons hardiment, est grossièrement discourtoise pour les puissances étrangères. La transaction elle-même a l'air d'un vulgaire et impudent coup d'Etat, d'une nature telle qu'il est certain de ne pas réussir. L'élection d'un souverain à un trône tel que celui de l'Espagne, devrait être un acte solennel et plein de dignité, conduit ouvertement à la face du monde, et accompagné de franches communications aux puissances amies. Maintenant, quelle est la puissance qui ne s'est pas montrée amicale envers l'Espagne? Laquelle pouvait inspirer à son gouvernement des appréhensions telles qu'il pût légitimement lui cacher le plus important des actes nationaux ? L'attitude de l'Empereur envers l'Espagne pendant les deux dernières années a été irréprochable, et il n'y a aucune raison de supposer que la France nourrisse aucun sinistre dessein contre la Péninsule. Nous pouvons observer aussi que l'amitié et la sympathie de l'Angleterre ont été fortement manifestées, et que ce n'aurait été qu'une reconnaissance polie de ces sentiments que de nous faire connaître le nouveau choix du gouvernement espagnol. Le secret, d'ordinaire, engendre le soupçon. S'il n'y avait rien d'hostile à la France dans cette négociation, pourquoi la cacher ? Ainsi argumenteront des millions de Français, et il n'est pas facile de combattre la prévention ainsi produite. Il faut aussi accorder quelque chose à la sus-

ceptibilité officielle et nationale. Il n'est pas dans la
nature humaine de ne pas éprouver quelque ressentiment quand on est dupé, et le présent arrangement
a, pour les Français, la déplaisante apparence d'une
duperie. »

Les autres journaux de la même date écrivaient
avec la même véhémence, et le lendemain soir, la
Pall Mall Gazette commentait la situation ainsi
qu'il suit :

« Aucun désaveu n'a encore été fait par la Prusse
de la sanction qu'elle avait accordée à la candidature
du prince de Hohenzollern. Un silence de mauvais
augure, ou une affectation non moins menaçante de
surprise et d'indifférence, sont les seules manifesta-
tions d'opinion que l'on découvre dans la presse officielle de Berlin. Le langage de la *Gazette de l'Allemagne du Nord* d'hier soir est décourageant au dernier point. Dire que la question « dépend de la décision des Cortès, et non des souhaits ou des craintes
des nations étrangères, » et que, relativement à la
succession au trône d'Espagne, les gouvernements allemands « n'ont aucun avis à proposer, encore moins
le droit d'intervenir, » c'est simplement une façon
d'exprimer que la Prusse entend laisser les choses
suivre leur cours et braver les plus graves résolutions
que la France puisse prendre. Peu de gens sont assez
naïfs pour croire que le général Prim ait offert la couronne au prince de Hohenzollern, sans s'être d'abord
assuré, au moins d'une manière indirecte, du jour
sous lequel une pareille démarche serait considérée
par le gouvernement prussien ; et le prince lui-même

devrait posséder une singulière outrecuidance s'il
avait consenti à devenir candidat sans qu'il fût assez
clairement sous-entendu que son ambition ne serait
pas découragée par son puissant parent. Si la Prusse
avait vraiment ignoré ce qui se tramait, ou avait
sagement changé de résolution au dernier moment,
on pouvait attendre de sa loyauté quelque chose de
plus qu'une déclaration portant « que son devoir est
de rester neutre, et que neutre elle demeurerait ». Ce
profond respect pour l'indépendance du peuple espagnol est certainement poussé à l'exagération lorsqu'on s'en fait une excuse pour ne pas intervenir afin
d'empêcher un prince prussien de jeter l'Europe dans
la guerre. Le chef de cette famille n'a pas toujours
été si réservé pour exercer son influence sur les membres subordonnés de sa maison, et son éloignement
actuel d'en user est aussi suspect que l'est ordinaire-
ment toute exhibition soudaine d'une vertu jusque-là
inconnue. C'est peut-être une circonstance significative, que la *Gazette de Voss* fait une distinction entre
une permission accordée par le roi et une permission
sanctionnée par le gouvernement. D'après ce journal,
Sa Majesté peut sanctionner l'élection du prince,
simplement comme chef de famille, et tant que la
permission royale n'est pas contre-signée par le comte
Bismarck, elle ne devient pas un acte de l'Etat. Cette
distinction aurait une importante signification.

Les deux Chambres du parlement discutèrent
la question sur un ton plus tranquille, comme de
raison, mais dans le même esprit. Bref, l'opinion
publique de l'Angleterre se déclara décidément
contre la candidature du prince de Hohenzollern,

comme constituant un grief légitime pour la France et un danger pour la paix de l'Europe. Je pensai, à ce moment, que l'opinion publique en Angleterre avait tort, mais j'ai dû changer d'avis sous la pression irrésistible des faits.

Essayons maintenant de démêler le cours de l'intrigue à travers le labyrinthe de ses détours diplomatiques.

Le 5 juillet, lord Lyons ambassadeur de sa majesté à Paris écrivit une dépêche à lord Granville, dans laquelle se rencontre le passage suivant :

M. de Gramont me fit observer que rien ne saurait être plus éloigné des désirs du gouvernement français que de s'immiscer dans les affaires intérieures de l'Espagne, mais que l'intérêt et la dignité de la France lui interdisaient également de permettre l'établissement d'une dynastie prussienne dans la péninsule. Elle ne pouvait consentir à un état de choses qui l'obligerait, en cas de guerre avec la Prusse, à surveiller l'Espagne, ce qui paralyserait une portion de son armée. Le dessein de mettre la couronne d'Espagne sur une tête prussienne n'était rien moins qu'une insulte à la France. Avec une pleine considération de tout ce qu'impliquait une telle déclaration, le gouvernement de l'Empereur déclarait que la France ne la supporterait pas.

Dans une dépêche de lord Granville à lord Lyons, datée du 6 juillet, le secrétaire d'Etat des affaires étrangères rapporte une conversation qu'il venait d'avoir avec l'ambassadeur français à Londres :

« La France, disait l'ambassadeur, désavouait tout désir d'intervenir en Espagne ; et après avoir exposé les raisons qui rendent la possession de la couronne d'Espagne par un prince prussien dangereuse pour la France, il conclut en m'assurant que les circonstances étaient du caractère le plus grave, et que, dans son opinion, le gouvernement de l'Empereur ne pouvait, sous la pression de l'opinion publique, admettre un projet de cette nature. Il ajouta cependant qu'il n'y avait pas de raison de ne pas tenter quelques moyens préliminaires pour détourner un aussi grand malheur que celui qui en pouvait résulter ; en conséquence, il s'adressait au gouvernement de la reine, sur la foi des relations amicales existant entre l'Angleterre et la France, et du désir que ressentait le gouvernement de Sa Majesté de maintenir la paix de l'Europe, le priant d'exercer toute son influence sur la Prusse et sur l'Espagne, à l'effet de couper court à l'installation projetée du prince sur le trône d'Espagne. »

Après avoir rapporté cette conversation, lord Granville ajoutait : « Je dis à M. de Lavalette que le gouvernement de Sa Majesté avait été surpris par la nouvelle ; que je comprenais parfaitement l'effet défavorable qu'une telle annonce était de nature à produire en France, bien que je n'admisse pas tous les arguments qu'il avait employés relativement à l'importance pour une aussi grande nation que la France de l'accession d'un prince prussien au

trône d'Espagne ; et que je réservais mon opinion
sur les faits, dont je n'avais qu'une imparfaite connaissance. »

Le même jour, lord Granville écrivit ainsi qu'il
suit à lord A. Loftus, notre ambassadeur à la Cour
de Prusse.

« M. Gladstone et moi avons été pris à l'improviste
hier par la nouvelle que le gouvernement d'Espagne
avait offert la couronne d'Espagne au prince Léopold
de Hohenzollern ; il paraît aussi que l'offre a été
acceptée par le prince. Le gouvernement de Sa Majesté
ne désire intervenir en aucune manière dans les affaires
intérieures de l'Espagne. Encore moins a-t-il la prétention de s'imposer, dans un tel sujet, à l'Allemagne
du Nord ; mais il espère certainement, et il doit
croire que ce projet, qu'il avait jusqu'ici ignoré, n'a
reçu aucune sanction du roi. Quelques-unes des plus
grandes calamités dans ce monde ont été produites
par de petites causes et par des erreurs mesquines
dans leur origine. Dans l'état présent de l'opinion en
France, la possession de la couronne d'Espagne par
un prince prussien aurait pour effet assuré de produire une grande et dangereuse irritation. De ce fait
nous avons une preuve concluante dans le rapport
que nous venons de recevoir de l'exposé fait par le
ministre à la Chambre française.

En Prusse, ce peut être un objet de nulle importance
qu'un membre de la maison de Hohenzollern soit sur
le trône du pays le plus catholique de l'Europe. Il
n'est pas certain qu'il obtienne l'allégeance du peuple
espagnol, divisé comme il l'est en partis, dont plu-

sieurs seront nécessairement opposés au prince
Léopold et pourraient s'unir contre lui. . . . .

Je m'aventure donc à espérer que le roi et ses con-
seillers trouveront qu'il est conforme à leurs propres
appréciations de ce qui convient le mieux à l'Espagne,
de décourager efficacement un projet plein de risques
pour les plus précieux intérêts de ce pays.

Vous ne manquerez pas de faire remarquer que, si
ces sentiments sont justes, le roi de Prusse, dont le
règne a produit un agrandissement tellement signalé
de ce pays, a maintenant une occasion non moins
signalée de déployer une magnanimité sage et désin-
téressée, avec l'effet certain de rendre un service
inestimable à l'Europe par le maintien de la paix. »

C'est dans un semblable esprit que lord Granville s'adressa lui-même, le 7 juillet, au ministre
britannique à Madrid. Désavouant toute pensée
« d'intervenir en aucune manière dans le choix de
la nation espagnole », il enjoignait néanmoins à
M. Layard « d'exercer sur le gouvernement provisoire toute pression qui, à son avis, pourrait con-
tribuer à l'induire à abandonner le projet de con-
férer le trône d'Espagne au prince Léopold de
Hohenzollern. » En même temps et avec une
égale insistance, lord Granville exposa ces considérations au ministre d'Espagne à Londres.

Les deux dépêches suivantes donnent un exposé
clair et concis de l'État des sentiments en France
et des motifs qui influencèrent la conduite du gouvernement impérial.

Lord Lyons au comte Granville (Reçue le 8 juillet).

Paris, le 7 juillet 1870.

Mylord, dans ma dépêche d'avant-hier, je rapportais une conversation que j'avais eue le soir de ce jour avec le duc de Gramont, au sujet de l'offre de la couronne d'Espagne au prince Léopold de Hohenzollern.

Dans la soirée, je me rendis à la réception ordinaire de M. Emile Ollivier, qui me prit à part et me parla assez longuement et avec une emphase considérable au sujet de cette affaire. Son langage fut en substance le même que celui tenu par M. de Gramont, mais il entra dans un peu plus de détails et parla avec encore plus de précision de l'impossibilité de permettre au prince de devenir roi d'Espagne. L'opinion publique en France, dit-il, ne le tolérerait jamais. Tout cabinet, tout gouvernement qui y acquiescerait serait immédiatement renversé. Pour sa part personnelle, il était bien connu qu'il n'avait jamais été un ennemi de l'Allemagne ; mais malgré tout son bon vouloir envers les Allemands, il devait avouer qu'il considérait ce dernier procédé comme une insulte, et qu'il partageait pleinement l'indignation du public.

M. Emile Ollivier se mit alors à parler de la déclaration qui allait être faite à la Chambre par le ministre des affaires étrangères, le jour suivant. J'insistai pour qu'elle fût modérée ; et M. Ollivier m'assura qu'elle serait aussi douce que le comporterait la nécessité de satisfaire l'opinion publique en France ; mais en fait,

dit-il, notre langage est celui-ci : « Nous ne sommes
pas inquiets, parce que nous avons une ferme espérance que la chose ne se réalisera pas; mais si elle
devait se réaliser, nous ne la tolérerions pas. »

Après cette conversation, je ne m'attendais guère à
ce que la déclaration fût aussi énergiquement for-
mulée qu'elle s'est trouvée l'être. Les termes en ont
été arrêtés le matin suivant, dans un conseil à Saint-
Cloud, que présidait l'Empereur, et elle fut, comme
Votre Seigneurie en est informée, lue au Corps légis-
tatif dans l'après-midi.

Cependant la déclaration, quelque vigoureuse qu'elle
fût, n'allait nullement au delà des sentiments du pays.
Il n'est que trop évident que, sans considérer jusqu'à
quel point l'intérêt réel de la France pouvait être en
question, la nation avait pris le projet de placer le
prince de Hohenzollern sur le trône d'Espagne comme
une insulte et un défi de la Prusse. La blessure infligée
par Sadowa à l'orgueil français n'avait jamais été
complétement guérie. Néanmoins le temps avait commencé à produire l'effet de réconcilier les esprits avec
les faits accomplis et irréparables, et l'irritation était
en train de se calmer. Maintenant cette malheureuse
affaire a ravivé toutes les anciennes animosités. Le
gouvernement et la nation se sont fait également un
point d'honneur de prévenir l'avénement du prince,
et sont allés trop loin pour reculer.

Je ne crois pas cependant que ni l'Empereur, ni
ses ministres désirent la guerre ou s'y attendent. En
ce moment ils espèrent fermement réussir sans guerre
à empêcher le prince de porter la couronne d'Espagne.
Ils pensent que, s'il en est ainsi, ils gagneront de la
popularité à l'intérieur pour avoir énergiquement

donné satisfaction au sentiment de la nation, et qu'ils relèveront leur crédit au dehors aussi bien qu'au dedans par un succès diplomatique. Ils ne sont en outre pas fâchés d'avoir une occasion de constater le sentiment public à l'égard de la Prusse. Enfin, ils sont convaincus qu'il aurait été impossible avec sécurité de supporter ce que, à tort ou à raison, la nation aurait considéré comme un nouveau triomphe de la Prusse sur la France.

Cependant, en poursuivant cette politique, ils ont couru le risque d'enrôler l'orgueil de l'Allemagne aussi bien que l'Espagne dans la cause du prince de Hohenzollern, et ne se sont laissé aucun moyen de retraite. S'ils ne réussissent pas à prévenir le succès du prince par des moyens pacifiques, ils n'ont, de leur aveu, d'autre alternative que de recourir à la guerre.

J'ai etc.

Signé : LYONS.

Lord Lyons au comte Granville (reçue le 8 juillet)
(Extrait).

Paris, le 7 juillet 1870.

J'ai fait observer au duc de Gramont, cette après-midi, que je ne pouvais qu'être péniblement impressionné par la déclaration qu'il avait faite la veille au Corps législatif. Je ne pouvais, lui dis-je, m'empêcher de penser qu'un langage plus doux aurait rendu plus facile de traiter tant avec la Prusse qu'avec l'Espagne pour le retrait des prétentions du prince Léopold de Hohenzollern.

M. de Gramont me répondit qu'il était heureux que j'eusse abordé ce sujet, parce qu'il désirait avoir une occasion de faire parvenir à Votre Seigneurie une explication de ses raisons pour faire une déclaration publique en termes si positifs. Votre Seigneurie, il en était certain, comme ministre dans un pays constitutionnel, comprendrait parfaitement l'impossibilité de lutter contre l'opinion publique. La nation était, dit-il, si fortement animée sur cette question que l'on ne pouvait ni résister à sa volonté ni l'éluder. Il m'avait vu à la Chambre lorsqu'il avait fait sa déclaration. J'avais donc moi-même été témoin de l'enthousiasme extraordinaire et de l'unanimité avec lesquels avait été accueillie l'annonce de la détermination du gouvernement de repousser l'insulte faite à la nation. Il n'était pas sorti des bornes de la modération, sans quoi il aurait produit une explosion de sentiments encore plus remarquable. Maintenant l'indignation en dehors de la Chambre était également violente et également générale. Rien de moins que ce qu'il avait dit n'aurait satisfait le public. Son discours était en fait, quant à l'intérieur de la France, absolument nécessaire; et les considérations diplomatiques devaient céder à celle du salut public à l'intérieur.

Il ne pouvait non plus admettre que ce fût simplement l'orgueil de la France qui était en question. Sa puissance militaire était en jeu. Quel avait été le résultat de l'accession du frère du prince Léopold au gouvernement de la Roumanie? Ce petit prince avait immédiatement commencé à réunir des armes, à former une armée, et obéissant en tous points aux instructions qu'il recevait de Berlin, à préparer un arsenal prussien pour s'en servir en cas de guerre entre la Prusse et l'Autriche. Ce qui avait été fait sur une petite échelle en Roumanie serait fait sur une grande échelle en Espagne. Le prince de Hohenzollern se poserait en souverain militaire et préparerait les moyens de paralyser 200,000 soldats français, si la France était engagée dans une guerre en Europe. Il y aurait folie à attendre que cela fût accompli. Si l'on doit avoir la guerre, il vaut mieux qu'elle vienne tout de suite. Le duc de Gramont ajouta que son langage dans la Chambre avait été plus modéré que celui qu'il s'était cru obligé d'employer en parlant dans son propre cabinet. En fait, ajouta-t-il, je suis obligé de vous dire sans réserve que l'accession du prince de Hohenzollern au trône d'Espagne, c'est la guerre. — « *Son avénement c'est la guerre* » (en français dans le texte).

Comment donc, demanda M. de Gramont, une si grande calamité pourrait-elle être évitée? Il déclara qu'il se confiait surtout à l'aide du gouvernement de Sa Majesté. En exerçant son influence à Berlin et à Madrid, il pouvait maintenant manifester son amitié pour la France et préserver la paix de l'Europe.

En ce qui concernait les Prussiens, la chose essentielle était de leur faire comprendre que la France ne pouvait être jouée à l'aide d'une réponse évasive. Les prétextes qui avaient été allégués à l'Autriche dans le cas du prince Charles seraient ici de nulle valeur. Il serait puéril d'alléguer que le gouvernement prussien était entièrement étranger à toute l'affaire; que le prince de Hohenzollern était d'âge à être le maître de ses propres actions; que la Prusse ne pouvait l'empêcher de partir pour l'Espagne son chapeau à la main, comme son frère s'était secrètement échappé pour la Roumanie. Il n'était pas croyable que le roi de Prusse n'eût pas le pouvoir d'empêcher un prince de sa famille, un officier de son armée, d'accepter un trône étranger. Il y aurait le plus grand avantage à ce que ces considérations pussent être exposées avec insistance au cabinet prussien par le gouvernement de Sa Majesté.

On pourrait aussi représenter au roi de Prusse la misérable situation dans laquelle se trouverait placé un prince de sa maison qui tenterait d'occuper le trône d'Espagne en hostilité contre la France; comment le gouvernement français n'aurait autre chose à faire que se relâcher de la surveillance vigilante qu'il exerçait sur la frontière, et à laisser libres les bandes de carlistes, d'isabellistes et de républicains qu'il retenait maintenant hors de l'Espagne. Une ample occupation serait par ce moyen donnée à tout gouvernement établi à Madrid, tandis que la France concentrerait toutes ses forces militaires pour une guerre sur le Rhin. En fait, il ne manquait pas de raisons solides à faire valoir par une puissance amie comme l'Angleterre, pour amener la Prusse à abandonner ce malencontreux projet.

C'était, du reste, en Espagne que l'assistance du gouvernement de Sa Majesté pouvait être le plus efficacement donnée à la France. Le régent pouvait certainement être amené à reconnaître que son devoir était de se séparer d'une politique qui plongerait l'Espagne dans la guerre civile et mettrait fin à la paix en Europe. Pouvait-il désirer que la réapparition de l'Espagne sur la scène politique de l'Europe fût le signal de la ruine et du massacre? Souhaiterait-il que son nom passât à la postérité comme celui de l'auteur de tous ces maux? Qu'on le presse donc énergiquement d'empêcher la prochaine réunion des Cortès. Par ce moyen, l'élection sera prévenue, et tout pourra s'arranger au mieux.

Je demandai à M. de Gramont quel était l'état présent de ses communications avec la Prusse et l'Espagne.

De la Prusse, me dit-il, il n'avait pas de réponse, et il ne savait pas quel avait été le résultat des représentations que le baron de Werther avait entrepris de faire au roi, à Ems.

Le gouvernement espagnol, d'un autre côté, l'avait froidement informé qu'il n'était pas surpris que la première nouvelle de l'acceptation de la couronne d'Espagne par le prince de Hohenzollern eût causé quelque émotion en France; mais qu'il espérait qu'elle se dissiperait et qu'après réflexion, le gouvernement français reconnaîtrait que c'était là l'inévitable solution de la question espagnole.

En même temps le premier ministre de France est représenté par lord Lyons comme ayant prononcé avec emphase les paroles suivantes : — « *Le Gouvernement désire la paix; il la désire avec passion... Il la désire avec passion, mais avec honneur.* » — Le désir passionné de M. Ollivier pour la paix était pleinement partagé par les puissances neutres. La Russie, l'Autriche et l'Italie montraient autant de zèle que le gouvernement britannique à presser le gouvernement prussien de retirer sa sanction à la candidature du prince Léopold (1).

_____

(1) M. de Gramont me lut alors un télégramme du gé-

A ce point du débat, je me tiens donc pour autorisé par les faits et circonstances à affirmer, d'abord, que la France considérait l'accession d'un prince prussien à la couronne d'Espagne comme un très-sérieux danger pour la nation française,

---

néral Fleury, qui portait que l'empereur Alexandre avait écrit au roi de Prusse pour le prier d'ordonner au prince de Hohenzollern de retirer son acceptation de la couronne, et s'était de plus exprimé dans les termes les plus amicaux pour la France, en manifestant le plus sérieux désir de détourner la guerre. Le roi de Prusse, continua M. de Gramont, avait refusé de se rendre à cette requête de son impérial neveu. — (*Dépêche de lord Lyons à lord Granville, datée du* 13 *juillet* 1870.)

Dans une dépêche de lord Bloomfield à lord Granville, datée de Vienne le 11 juillet 1870, l'ambassadeur britannique rapporte une conversation avec le comte de Beust, dans laquelle ce dernier déclarait que «les délais et l'apparente ironie avec lesque's les journaux prussiens traitaient cette affaire n'avaient tendu qu'à accroître l'irritation à Paris ; que le prince de Metternich_semblait craindre que les choses ne tournassent au pire ; qu'il ne pouvait me cacher que, si le roi de Prusse refusait de désavouer la candidature du prince Léopold de Hohenzollern, il ne voyait aucune chance possible d'arriver à un compromis entre les deux puissances. A ce moment, tout semblait sombre et désespéré.

« Mon collègue italien m'informe qu'il a reçu des instructions de son gouvernement pour presser le gouvernement espagnol, avec toute l'énergie possible, d'éviter de provoquer une rupture avec la France, et d'arriver à quelque arrangement par lequel la candidature du prince de Hohenzollern pût être écartée. » (*Dépêche de M. Layard à lord Granville, datée du* 11 *juillet* 1870.)

mais qu'elle éprouvait un sincère désir de détourner ce danger par des moyens pacifiques ; secondement, que l'opinion publique en Angleterre admettait que la France avait un grief légitime ; troisièmement, que le gouvernement anglais, tout en croyant que le danger pour la France n'était pas aussi grand que le gouvernement français l'appréhendait, pensait, néanmoins, que le grief était réel, que l'excitation en France était naturelle, et que le secret étudié avec lequel l'intrigue avait été conduite entre la Prusse et l'Espagne créait de justes motifs de soupçon et de ressentiment, non-seulement au gouvernement français, mais encore aux puissances neutres ; quatrièmement, que le gouvernement anglais, en commun avec les autres puissances neutres, poursuivait le retrait de la sanction du roi de Prusse à la candidature du prince de Hohenzollern comme la solution convenable et nécessaire de la question.

Voyons maintenant quelle sorte de réception le gouvernement prussien fit aux remontrances de la France et aux représentations amicales des autres puissances. Le 8 juillet, lord Granville écrivit à lord Lyons ce qui suit :

« Le comte Bernstorff est venu me voir aujourd'hui, et m'a informé qu'il avait reçu des lettres du roi de Prusse, et aussi de Berlin et du comte Bismarck, de la teneur générale desquelles il apparaissait que la réponse du gouvernement de l'Allemagne du Nord à la demande, qui lui avait été d'abord adressée par la France, d'explications touchant l'offre de la couronne d'Espagne au prince Léopold de Hohenzollern, serait conçue dans ce sens que ce n'était pas là une affaire qui concernât le gouvernement prussien. Il ne prétendait pas porter atteinte à l'indépendance de la nation espagnole ; mais il laissait aux Espagnols le soin de régler leurs propres affaires ; et il était hors d'état de donner des informations sur les négociations qui avaient eu lieu entre le gouvernement provisoire de Madrid et le prince de Hohenzollern.

Le comte Bernstorff ajouta qu'il n'était pas informé de la date à laquelle la demande d'explications avait été adressée par le gouvernement français, ni de celle de la réponse qui y avait été faite.

Son Excellence ajouta que le gouvernement de l'Allemagne du Nord ne désirait pas se mêler de l'affaire, mais laissait le gouvernement français adopter les mesures qui lui conviendraient ; qu'en conséquence le représentant prussien à Paris avait reçu l'instruction de s'abstenir d'y prendre aucune part.

Le gouvernement de l'Allemagne du Nord n'a aucun désir d'une guerre de succession ; mais si la France se décide à lui faire la guerre au sujet du choix d'un roi fait par l'Espagne, un tel procédé de sa part serait une preuve de sa disposition à chercher querelle sans aucune cause légitime. Il était prématuré, d'ailleurs, de discuter la question tant que les Cortès n'avaient pas décidé l'acceptation du prince Léopold comme roi d'Espagne ; cependant, si la France veut attaquer l'Allemagne du Nord, ce pays saura se défendre.

Le comte Bernstorff continua en disant que le lan-

2.

gage qu'il venait de m'exposer comme tenu par le gouvernement de l'Allemagne du Nord, était aussi tenu par le roi de Prusse. Sa Majesté, ajouta-t-il, était étrangère à la négociation avec le prince Léopold, mais elle ne défendra pas au prince d'accepter la couronne d'Espagne.

A ces déclarations on peut comparer la dépêche suivante de lord Loftus au comte Granville.

Berlin, le 6 juillet 1870.

Mylord, — Etant empêché par une indisposition de quitter ma maison, j'ai chargé M. Petre de voir M. de Thile (1) pour s'enquérir si Son Excellence pouvait me donner quelques informations au sujet de l'offre annoncée de la couronne d'Espagne au prince héréditaire de Hohenzollern.

M. de Thile informa M. Petre que le chargé d'affaires de France, M. Lesourd, était venu le voir quelques jours auparavant, et lui avait exposé que l'annonce parvenue au gouvernement français d'une députation envoyée de Madrid pour offrir la couronne d'Espagne au prince de Hohenzollern et de l'acceptation de cette offre, avait produit une impression défavorable à Paris, et que le gouvernement impérial désirait savoir quelle conduite le gouvernement prussien entendait suivre relativement à cette question, « quelle serait l'attitude du gouvernement prussien » (2).

---

(1) M. de Thile conduisait les affaires étrangères pendant l'absence de Berlin du comte Bismarck.
(2) En français dans le texte.

M. de Thile dit au chargé d'affaires français que le choix d'un souverain pour remplir le trône d'Espagne était une question dans laquelle le gouvernement prussien n'avait aucun intérêt quelconque « c'était une question qui n'existait pas pour le gouvernement prussien » (1), et qu'en conséquence il n'était pas en position de donner aucune explication sur ce sujet au gouvernement français. Le gouvernement prussien considérait que les hommes d'Etat et le peuple d'Espagne étaient en droit d'offrir la couronne à qui bon leur semblait et que la personne à laquelle l'offre était faite avait seule compétence pour l'accepter ou la refuser.

Dans une autre dépêche datée du 7 juillet, lord A. Loftus rapporte que, dans une entrevue avec M. de Thile du même jour, ce dernier avait « *déclaré que le gouvernement prussien conserverait* « *une attitude de silence absolu et d'abstention* ». Cette « attitude de silence absolu et d'abstention » fut maintenue par le gouvernement prussien jusqu'à la fin. Le 12 juillet, lord Loftus écrit de Berlin qu'il vient d'avoir une entrevue avec le baron Thile au ministère des affaires étrangères prussien ; mais Son Excellence n'a fait aucune observation sur la question pendante, *observant, comme il l'avait fait depuis le commencement de la crise, un silence cauteleux, déclinant toute discussion sur la valeur de la question en elle-même, et pro-*

---

(1) En français dans le texte.

fessant une complète ignorance de ce qui se passait à Ems. Lord A. Loftus répète cette plainte dans une dépêche datée de Berlin, le 16 juillet 1870. « En l'absence, de Berlin, du roi et du comte Bismarck pendant cette crise, dit-il, *l'attitude du gouvernement ici a été entièrement passive et expectante ; et le comte Launay comme moi-même et ses collègues avons invariablement trouvé que le baron Thile déclinait toute discussion sur la question, soutenant que le gouvernement prussien repoussait toute responsabilité au sujet de la candidature du prince Léopold.*

Le gouvernement français eut de nouveau occasion d'élever la même plainte. Le 15 juillet, le duc de Gramont se plaignit à lord Lyons de ce que « la négociation, par suite des circonstances particulières du cas, avait dû être suivie directement avec le roi de Prusse. Le ministre des affaires étrangères prussien, le comte Bismarck, était allé à la campagne, et il avait été impossible de l'approcher. Le ministre en exercice, M. de Thile, déclarait ne rien connaître de l'affaire, et la considérait comme concernant non le gouvernement prussien, mais le roi personnellement. Quoique la distinction ne fût pas admissible en principe, toujours est-il qu'elle obligeait la France à traiter directement avec le roi, et l'ambassadeur français avait été envoyé attendre Sa Majesté à Ems ».

Assurément cette conduite extraordinaire de la part du gouvernement prussien requiert une explication. Mais aucune explication n'a été ni offerte ni essayée. Qu'on nous permette d'établir un cas parallèle. Supposons que la Hollande, au lieu de l'Espagne, soit en quête d'un roi, et que le duc de Cambridge soit soudainement et mystérieusement annoncé comme candidat pour le trône vacant. Aussitôt l'Allemagne est profondément agitée. La Prusse par tous ses organes, déclare que cette candidature est à la fois une insulte et une menace pour l'Allemagne. Le comte Bismarck se hâte de se faire l'organe du sentiment national. Il se lève de sa place dans le parlement de l'Allemagne unie, et, dans les termes du duc de Gramont, il fait la déclaration suivante :

« Nous avons observé la plus stricte neutralité envers la Hollande, et nous continuerons à agir ainsi; mais nous ne croyons pas que ce principe nous oblige à souffrir qu'une puissance étrangère trouble la balance des pouvoirs en Europe à notre désavantage, en plaçant un de ses princes sur le trône de la Néerlande. Pour prévenir ce résultat, nous nous confions à la prudence du peuple anglais et à l'amitié du peuple hollandais; mais s'il en était autrement, nous saurions accomplir notre devoir sans hésitation et sans faiblesse.

Aussitôt il y a une grande agitation dans tous les cabinets. Tous se réunissent dans un effort pour calmer les esprits surexcités de l'Allemagne; mais tous reconnaissent en même temps que les susceptibilités de l'Allemagne ont été injustement blessées, que la conduite de l'Angleterre est à la fois suspecte en elle-même et dangereuse pour la paix de l'Europe, et que la seule solution praticable est le retrait par le gouvernement britannique de la candidature du duc de Cambridge. Dans l'intervalle, M. Gladstone s'est rendu à sa campagne d'Hawarden pour s'y livrer à des études sur les rapports de la Phénicie avec la Grèce homérique ; lord Granville découvre subitement qu'il a scandaleusement négligé ses devoirs de lord gardien des cinq ports, et en conséquence se précipite vers Walmer Castle ; tandis que sa Très-Gracieuse Majesté, fatiguée de la sombre splendeur de Windsor et débilitée par les brises amollissantes d'Osborne, va chercher le repos et le rafraîchissement sous les ombrages des monts Grampians. Pendant ce temps, le Foreign Office est assiégé par les représentants diplomatiques des grandes puissances. M. Otway les reçoit gracieusement et leur dit que : « le gouvernement anglais ne sait absolument rien au sujet du duc de Cambridge et de sa candidature et maintiendra une attitude de silence absolu et d'abstention ». Dans ces circonstances embarrassantes le comte Bernstorf reçoit de son gouvernement l'instruction de se rendre à Balmoral, dans le but de chercher une explication auprès de la reine elle-même. Cependant Sa Majesté décline toute responsabilité dans l'affaire, et déclare son ignorance de toute la transaction. Néanmoins, étant pressée, elle reconnaît qu'elle avait été consultée sur la candidature du duc de Cambridge, mais seulement comme chef de famille. Elle admet ensuite qu'elle a conféré de cet objet avec M. Gladstone ; mais elle refuse positivement de retirer sa sanction à la candidature de son cousin.

Il n'est pas difficile d'imaginer le langage incisif dans lequel le comte Bismarck aurait dénoncé une semblable conduite de la part de la Grande-Bretagne. Mais est-ce que des actes politiques, qui sont identiques dans leur essence, changent de caractère selon le degré de latitude sous lequel ils s'accomplissent? Est-ce qu'une conduite qui aurait été universellement proclamée subreptice et déshonnête si elle avait eu Londres pour théâtre et le Gouvernement britannique pour acteur, ne mérite point l'opprobre et le blâme, lorsque la scène est transférée de Londres à Berlin? Un gouvernement qui aurait été réellement soucieux de la paix de l'Europe et qui n'aurait pas eu l'intention clandestine de provoquer une rupture avec la France, aurait, j'ose le penser, agi tout autrement que le cabinet de Berlin. Il me semble simplement impossible de lire avec soin et sans passion la série de dépêches que je viens de commenter, et de ne pas se sentir convaincu que le comte Bismarck avait, de propos délibéré, résolu dans son esprit d'avoir une guerre avec la France, et manœuvrait avec une singulière dextérité pour mettre son adversaire ostensiblement dans son tort, et le provoquer à frapper le premier coup. Il est évident, ce me semble, que même à la date du 10 juillet, le gouvernement de France aurait été heureux d'éviter l'extrémité de la guerre, et aurait accepté toute concession raisonnable de la part de la Prusse. Telle est, à tout événement, mon interprétation de la dépêche suivante :

Lord Lyons au comte Granville (reçue le 11 juillet).
(Extrait.)

Paris, le 10 juillet 1870.

J'ai eu l'honneur de recevoir ce matin les dépêches de Votre Seigneurie, relatives à la question Hohenzollern, des 6 et 8 courant, ainsi que d'hier.

J'ai parlé cette après-midi au duc de Gramont, dans le sens des deux premières dépêches d'hier. J'ai remercié Son Excellence au nom de Votre Seigneurie pour la franchise de ses communications envers moi, et pour l'amicale confiance qu'il a montrée au gouvernement de Sa Majesté. Je lui fis observer que le gouvernement de Sa Majesté comprenait difficilement que le choix d'un prince de Hohenzollern, pour roi d'Espagne, fût un sujet d'une telle importance pour une grande nation comme la France, qu'il méritât l'adoption de mesures extrêmes. En faisant une large part au ressentiment que le secret avec lequel ce choix avait été préparé était de nature à soulever en France, néanmoins le gouvernement de Sa Majesté avait la confiance que le gouvernement de l'Empereur agirait avec modération et patience dans la conduite ultérieure de la discussion. Je ne pouvais que regretter l'énergie du langage employé par le gouvernement et par la presse en France. Il était encore plus inquiété par les préparatifs militaires qui étaient en cours et ne pouvait que se demander si, dans cet état de choses, il serait judicieux de persévérer dans ses efforts pour amener un arrangement amiable. Le gouvernement de Sa Majesté, M. de Gramont le sait, a déployé tous ses efforts pour réaliser un tel arrangement; mais il ne peut s'empêcher de craindre que la précipitation du gouvernement français ne rende tous ses efforts inutiles.

M. de Gramont répondit qu'en cette matière, le gouvernement suivait et ne conduisait pas la nation. L'opinion publique n'admettrait pas qu'il fît moins qu'il n'avait fait.

A l'égard des préparatifs militaires, la plus vulgaire prudence exigeait qu'ils ne restassent pas en arrière. Au milieu d'un calme profond, lorsque le cabinet français et la Chambre s'appliquaient à réduire leur budget militaire, la Prusse a fait partir sous leurs pieds cette mine qu'elle avait préparée en secret. Il était nécessaire que la France fût au moins aussi avancée que la Prusse dans ses préparatifs militaires.

M. de Gramont ajouta qu'il allait me dire exactement à quel point la question se trouvait maintenant. Le roi de Prusse avait dit à M. Benedetti, la veille au soir, qu'il avait en fait consenti à l'acceptation de la couronne d'Espagne par le prince de Hohenzollern, et qu'ayant donné son consentement, il lui serait maintenant difficile de le retirer. Sa Majesté avait cependant ajouté qu'elle conférerait avec le prince, et qu'elle donnerait une réponse définitive à la France après cet entretien.

Ainsi, fit observer M. de Gramont, deux choses sont claires : la première, que le roi de Prusse a été partie consentante à l'acceptation de la couronne par le prince ; la seconde, que la décision du prince de persister dans son acceptation ou de se retirer, serait prise de concert avec Sa Majesté. Ainsi donc, dit M. de Gramont, il s'agit maintenant, sans aucune contestation possible, d'une affaire entre la France et le roi.

Le gouvernement français, poursuivit M. de Gramont, différerait encore pour un temps très-court (vingt-quatre heures, par exemple) ces grands préparatifs ostensibles de guerre (tels que l'appel des réserves) qui enflammeraient l'esprit public en France. Tous les préparatifs essentiels devaient néanmoins être faits sans remise. Les ministres français seraient insensés s'ils couraient le risque de permettre à la Prusse de gagner du temps sous des prétextes dilatoires.

Finalement M. de Gramont m'autorisa à rapporter à Votre Seigneurie que, si le prince de Hohenzollern voulait maintenant, sur l'avis du roi de Prusse, retirer son acceptation de la couronne, toute l'affaire serait terminée.

À ce point de la négociation, l'attitude du gouvernement impérial, telle qu'elle est représentée par le duc de Gramont, ne peut, à mon avis, être considérée autrement que comme modérée. Rappelons que, deux jours avant la date de la dépêche qui vient d'être citée, M. de Gramont avait dit à lord Lyons « que le gouvernement français avait

des raisons de croire (et en réalité le ministre
d'Espagne ne le niait pas) que le roi de Prusse
avait connu tout au long la négociation entre le
maréchal Prim et le prince de Hohenzollern. Il ap-
partenait donc à Sa Majesté, si elle désirait montrer de l'amitié envers la France, d'interdire formellement l'acceptation de la couronne par un
prince de sa maison. Le silence ou une réponse
évasive seraient équivalents à un refus ». Néanmoins, malgré son sentiment si prononcé sur ce
point, le duc de Gramont offrait, de la part de son
gouvernement, d'être satisfait si le prince de Hohenzollern consentait à se retirer volontairement,
sur l'avis du roi de Prusse. La demande que le roi
prohibât formellement la candidature soit comme
roi, soit comme chef de famille, est abandonnée.
On lui demande seulement de conseiller à son parent « d'abandonner ses prétentions à la couronne
d'Espagne ». Et, le roi de Prusse, on doit lui
rendre cette justice, paraissait disposé à accepter
ce compromis. Mais il n'en devait pas être ainsi.
Quelque influence occulte vint peser sur les intentions du roi, et le 12 juillet le ministre français des
affaires étrangères dit à lord Lyons « que la réponse
du roi de Prusse n'était ni courtoise ni satisfaisante ». *Sa Majesté a désavoué tout rapport avec
l'offre de la couronne d'Espagne au prince Léopold
de Hohenzollern, et a refusé de conseiller au prince
de retirer son acceptation.*

Dans l'intervalle, le père du prince Léopold

avait télégraphié au maréchal Prim le retrait de la
candidature de son fils. Je dois examiner maintenant les termes et la portée de ce retrait. Mais
auparavant, voyons s'il est possible de se rendre
compte du changement soudain qui s'était accompli dans l'esprit du roi de Prusse. Le 9 juillet,
il était disposé à conseiller au prince Léopold d'a-
bandonner sa candidature. Deux jours après, il
refusait de rien faire de ce genre.

J'ai déjà remarqué la mystérieuse absence du
comte Bismarck loin du siége du gouvernement
pendant une crise qui avait jeté toute l'Europe
dans une violente commotion. Quoi qu'il en soit,
le 12 juillet au soir le chancelier prussien revint à
Berlin, et le jour suivant lord A. Loftus eut une
entrevue avec lui. La dépêche dans laquelle il rend
compte de cette entrevue est si importante qu'il est
nécessaire de citer *in extenso* le long extrait qui en
est publié dans les papiers parlementaires :

Lord A. Loftus au comte Granville (reçue le
15 juillet. (Extrait.)

Berlin, le 13 juillet 1870.

J'ai eu une entrevue avec le comte Bismarck aujourd'hui, et j'ai félicité Son Excellence de l'apparente solution de la crise pendante par la renonciation
spontanée du prince de Hohenzollern.

Son Excellence a paru quelque peu douter que cette
solution amène une solution du différend avec la France.
Il me dit que l'extrême modération montrée par le roi de

Prusse en présence du ton menaçant du gouvernement français et la courtoise réception par Sa Majesté du comte Benedetti à Ems, après le sévère langage tenu à la Prusse tant officiellement que dans la presse française, avaient produit dans toute la Prusse une indignation générale.

Il avait reçu le matin même, me dit-il, des télégrammes de Brême, Kœnigsberg et autres places *exprimant une forte désapprobation de l'attitude conciliante observée par le roi de Prusse à Ems et réclamant que l'honneur du pays ne fût pas sacrifié.*

Le comte Bismarck exprima alors le souhait que le gouvernement de Sa Majesté saisît quelque occasion, par exemple, par une déclaration au parlement, d'exprimer sa satisfaction de la solution de la difficulté espagnole par l'acte spontané du prince Léopold, et de rendre un témoignage public à la calme et sage modération du roi de Prusse, de son gouvernement et de la presse allemande.

Son Excellence fit allusion à la déclaration faite par le duc de Gramont au Corps législatif, « que les puissances de l'Europe avaient reconnu le juste fondement de la demande adressée par la France au gouvernement prussien », et il se montra en conséquence désireux de voir quelque témoignage public émané des puissances qui avaient employé leurs bons offices pour obtenir du gouvernement prussien une renonciation du prince Léopold, constater aussi leur appréciation des dispositions pacifiques et conciliantes manifestées par le roi de Prusse.

Le comte Bismarck fit alors observer qu'un avis reçu de Paris (quoique non officiellement, du baron de Werther), annonçait que la solution de la difficulté

espagnole ne suffirait pas à contenter le gouvernement français, et que d'autres réclamations seraient
avancées. Si tel était le cas, dit Son Excellence, il
serait évident que la question de la succession au
trône d'Espagne n'était qu'un simple prétexte, et que
l'objet réel de la France était de chercher une revanche de Kœniggratz.

Le sentiment de la nation allemande, dit Son Excellence, était qu'elle se croyait *pleinement en état de se
mesurer avec la France, et qu'elle était aussi confiante
que les Français pouvaient l'être dans le succès militaire.*
En conséquence, le sentiment général de la Prusse et
de l'Allemagne était que l'on ne devait accepter ni
humiliation, ni insulte de la France, et que si l'on
était injustement provoqué, on devait accepter le
combat.

Mais, dit Son Excellence, nous ne désirons pas la
guerre; nous avons prouvé et nous continuerons à
prouver nos dispositions pacifiques; toutefois, nous
ne pouvons laisser la France prendre l'avance sur
nous en ce qui concerne les armements. « J'ai, dit
Son Excellence, des informations positives que des
préparatifs militaires ont été faits et se font en France
pour la guerre. On concentre de grands approvision-
nements de munitions; de grands achats de foins et
d'autres matières nécessaires pour une campagne
sont en train de se faire, et l'on réunit des chevaux.
Si ces préparatifs continuent, dit Son Excellence, *nous
serons obligés de demander au gouvernement français
des explications sur leur objet et leur signification.*

*Après ce qui vient d'arriver, nous devons exiger quel-
que assurance, quelque garantie que nous ne serons pas
exposés à une soudaine attaque. Il nous faut être sûrs*

que, cette difficulté espagnole une fois écartée, on ne tient pas en réserve quelque autre dessein, qui pourrait éclater sur nous comme un coup de tonnerre.

Le comte Bismarck ajouta que, à moins que quelque assurance, quelque déclaration ne fût donnée par la France aux puissances européennes, dans quelque forme officielle, portant que la présente solution de la question espagnole constituait un arrangement final et satisfaisant des demandes françaises, et qu'aucune réclamation ultérieure ne serait élevée; et si de plus une rétractation ou une explication satisfaisante du langage menaçant tenu par le duc de Gramont n'était pas donnée, le gouvernement prussien serait obligé de demander des explications à la France. Il était impossible, ajouta Son Excellence, que la Prusse demeurât humble et impassible sous l'affront infligé au roi et à la nation par le langage menaçant du gouvernement français. Je ne puis, dit Son Excellence, entretenir des communications avec l'ambassadeur français, après le langage que le ministre des affaires étrangères français a tenu à la face de l'Europe.

D'après les observations précédentes du comte Bismarck, Votre Seigneurie comprendra qu'à moins que quelque conseil opportun, quelque main amie ne puisse intervenir pour apaiser l'irritation entre les deux gouvernements, la brèche, au lieu d'être fermée par la solution de la difficulté espagnole, va probablement s'élargir.

Il est évident pour moi que le comte Bismarck et le ministère prussien regrettent l'attitude et les dispositions du roi envers le comte Benedetti, et qu'en vue de l'opinion publique de l'Allemagne, ils sentaient la nécessité de quelque mesure énergique pour satisfaire l'honneur de la nation.

Les seuls moyens qui puissent apaiser l'orgueil blessé de la nation allemande seraient une déclaration du gouvernement français que l'incident de la difficulté espagnole avait été arrangé d'une manière satisfaisante et que, la France rendant justice aux dispositions modérées et pacifiques du roi de Prusse et de son gouvernement, les bonnes relations existantes entre les deux pays ne seraient vraisemblablement plus exposées de nouveau à aucune influence perturbatrice. Je crains fortement que, si une influence médiatrice ne peut s'entremettre avec succès pour porter le gouvernement français à apaiser l'irritation contre la Prusse et pour conseiller la modération, la guerre ne soit inévitable.

Dans cette dépêche nous trouvons une explication, et une explication sinistre, du changement soudain dans l'attitude du roi de Prusse. Le comte Bismarck voulait bien que son royal maître professât pour un temps des sentiments *modérés et pacifiques.* Mais lorsque le moment arrive de transformer ces démonstrations en actions, le comte Bismarck prend soin d'empêcher une solution pacifique de se réaliser. Comment il ménagea ce résultat, c'est ce que nous allons voir tout à l'heure. A présent, il nous faut examiner les principaux points de sa conversation avec l'ambassadeur britannique.

D'abord « l'attitude conciliante conservée par le roi de Prusse à Ems » ayant rempli son objet, il fallait y mettre fin. Cet objet avait été de fournir au comte Bismarck un argument qui le mît à même de persuader aux gouvernements neutres « de rendre un témoignage public au calme et à la sage modération du roi de Prusse, de son gouvernement et de la presse allemande». Et il faut avouer que cet argument se trouva être assez efficace. Tel a été le succès de l'habileté du comte Bismarck que même les avocats de la France se sont rarement aventurés à mettre en question « la calme et sage modération » de la Prusse pendant la phase initiale de la querelle. Cependant, la modération si vantée de la presse berlinoise était caractérisée à ce moment même par le comte de Beust comme une « apparente ironie qui avait uniquement pour but d'accroître l'irritation à Paris ». La « sage modération du gouvernement prussien » ne consistait qu'en un système raffiné de mystification et de duplicité, parfaitement bien calculé pour irriter la France, et qui arracha plus d'une plainte à l'ambassadeur d'Angleterre. « Le gouvernement prussien », ainsi l'assurait le comte Bernstorff à lord Granville, « n'avait nulle connaissance de la candidature du prince Léopold. « Et cela, après que le roi avait avoué, à contre-cœur, au comte Benedetti, qu'il avait donné sa sanction à la candidature, et qu'il avait été en communication avec le comte Bismarck à ce sujet ! Quant à la « modération » du roi, tout ce qu'on peut dire, c'est qu'elle cessa juste au moment où elle aurait assuré la paix.

En second lieu, — le comte Bismarck savait, et ne faisait pas un secret de cette connaissance, que l'Allemagne « était pleinement en état de se mesu-

3.

rer avec la France ». Il n'avait donc aucune espèce de crainte sur les conséquences d'une lutte
armée avec la France. Il était parfaitement assuré
de pouvoir jeter ses légions sur la France avant
qu'un seul bataillon français pût passer le Rhin.
L'assertion de M. d'Israeli, dans la séance du 9 de
ce mois (février) que, « bien que les Prussiens
n'aient pas désespéré du succès final dans la lutte,
ils ont été surpris, dans un sens militaire ». Cette
assertion doit avoir bien fait rire les comtes Bismarck et Moltke, lorsqu'ils l'auront lue. Ils ont été
si bien « surpris », qu'ils ont « surpris » les généraux français dans toutes les actions, depuis
Wissembourg jusqu'à Sedan. Ils ont été si bien
« surpris » que leurs armées se sont établies autour de Paris suivant un plan de campagne préparé longtemps d'avance à Berlin, chaque régiment
marchant sans une erreur à la place qui lui était
assignée. Et la dernière preuve de la « surprise
prussienne » est fournie par le docteur Russell, dans
une lettre de Versailles publiée dans le *Times* du
4 février. « Les officiers allemands, dit-il, étaient
pourvus de plans qui les rendaient capables de vi-
siter chaque partie des forteresses françaises, sans
un guide. »

Troisièmement, il résulte clairement de la
conversation du comte Bismarck avec lord A. Loftus, relatée plus haut, que le chancelier menait son
jeu, si je puis employer cette expression, de manière à assurer dans tous les cas la certitude d'une

guerrre avec la France. Quel autre sens peuvent en effet présenter deux des passages que nous avons notés en italiques? La France, on le craignait, pouvait céder aux sollicitations de l'Angleterre et se déclarer satisfaite par l'abandon de la candidature du prince Léopold. Dans ce cas, le comte Bismarck avait une autre corde à son arc. La France devrait s'excuser pour la violence de son langage et donner des garanties satisfaisantes de bonne conduite dans l'avenir. « Il était impossible que la « Prusse demeurât humble et impassible sous « l'affront infligé au roi et à la nation par le lan- « gage menaçant du gouvernement français, » et le comte Bismarck « ne pouvait avoir de communications avec l'ambassadeur français » jusqu'à ce que « l'affront » eût été réparé. Est-ce là le langage d'un homme anxieux de la paix? Ne montret-il pas plutôt une détermination arrêtée d'imposer une querelle à la France à tout prix? Le comte Bismarck, avec une habileté consommée, avait enlacé son ennemi dans ses filets et avait ourdi ses plans si habilement que sa proie ne pouvait plus d'aucune manière lui échapper. Si la France avait accepté la renonciation du prince Léopold comme une solution satisfaisante de la question, le rusé chancelier de la Confédération de l'Allemagne du Nord avait une autre carte à jouer. Il serait apparu sur la scène dans le rôle d'un innocent à qui l'on fait injure, et aurait réclamé de la France une apologie pour l'affront qu'elle avait fait à la patrie al-

lemande (Fatherland). Un des traits les plus remarquables de la stratégie diplomatique du comte
Bismarck est l'adresse avec laquelle il s'arrange
généralement de manière à jeter sur son adversaire la responsabilité (*onus*) du complot qu'il a lui-
même machiné. L'intrigue Hohenzollern avait été
tramée en secret, et l'Europe n'en avait rien su
jusqu'à ce que tout fût prêt pour l'exécution. Elle
éclatait comme un coup de tonnerre dans un ciel
serein. Et c'est alors que le comte Bismarck vient
dire avec sang-froid à lord A. Loftus :

« Après ce qui vient d'arriver maintenant, nous
devons exiger quelque assurance, quelque garantie
que nous ne serons plus exposés à une soudaine
attaque ; il faut que nous sachions que, cette difficulté espagnole une fois écartée, il n'y a pas quelque
autre ténébreux dessein qui puisse éclater sur nous
comme un coup de tonnerre. »

Qui aurait pu se douter, d'après ces paroles, que
c'était la Prusse, et non la France, qui avait « fait
éclater sur nous comme un coup de tonnerre » au
milieu d'un calme politique extraordinaire? Quoi !
c'est la Prusse, en vérité, qui « doit exiger quelque
assurance, quelque garantie » contre le retour de
« quelque autre dessein ténébreux qui éclaterait
sur nous comme un coup de tonnerre » !

Le comte Bismarck savait bien que, dans de
telles circonstances, la France considérerait comme
une insulte directe d'être « requise » de donner
des garanties telles que celles qu'il proposait. La

guerre aurait été le résultat d'une telle demande.
Mais il n'est pas clair que, dans ce cas, l'Europe
eût tenu la Prusse pour exempte de blâme. Cependant l'appui moral de l'Europe était de la plus
haute importance pour la Prusse, et celle-ci ne pouvait y renoncer à la légère. Il fallait amener la
France à combattre dans tous les cas, mais il fallait aussi trouver les moyens de la mettre dans son
tort, et tourner ainsi contre elle les sympathies
morales du monde. Quels ont été ces moyens, c'est
ce qu'il me reste maintenant à exposer.

C'était le matin du 13 juillet que l'ambassadeur
britannique à Berlin « congratulait » le comte Bismarck « sur l'apparente solution de la crise menaçante par la renonciation spontanée du prince Hohenzollern ». Mais « Son Excellence parut quelque
peu douter que cette solution pût amener un arrangement du différend avec la France ; et elle exprima une forte désapprobation de l'attitude conciliante conservée par le roi de Prusse à Ems. »

Le même jour, l'ambassadeur d'Angleterre à
Paris eut une entrevue avec le duc de Gramont.
Le passage suivant montre la situation d'esprit
dans laquelle le gouvernement français se trouvait
à cette date :

« M. de Gramont me lut alors un télégramme du
général Fleury, qui racontait que l'empereur Alexandre avait écrit au roi de Prusse pour le prier d'ordonner au prince de Hohenzollern de retirer son acceptation de la couronne, que de plus il s'était exprimé

dans les termes les plus amicaux pour la France, et avait manifesté le plus sérieux désir de détourner la guerre.

« Le roi de Prusse, continua M. de Gramont, a refusé d'accéder à cette demande de son impérial neveu. Le roi n'a pas donné un mot d'explication à la France.

« Sa Majesté, répéta-t-il, n'a rien fait, absolument rien. *La France ne s'en offensera pas. Elle ne demandera pas à Sa Majesté de lui donner aucune satisfaction.* Le roi avait autorisé le prince de Hohenzollern à accepter la couronne d'Espagne ; tout ce que la France demandait maintenant, c'était que Sa Majesté défendît au prince de modifier dans l'avenir sa décision de retirer son acceptation. Assurément il n'était que raisonnable de la part de la France de prendre quelques précautions contre une répétition de ce qui était arrivé lorsque le frère du prince Léopold se rendit à Bucharest. On ne pouvait supposer que la France voulût courir le risque de voir le prince Léopold se présenter subitement de sa personne en Espagne et faire appel aux sentiments chevaleresques du peuple espagnol. *Cependant la France ne demandait pas à la Prusse d'empêcher le départ du prince pour l'Espagne.* Tout ce qu'elle désirait, c'était que le roi lui interdît de changer sa résolution présente de retirer sa candidature. Si Sa Majesté voulait faire cela, toute l'affaire serait absolument et entièrement terminée.

Je lui demandai s'il m'autorisait formellement à déclarer au gouvernement de Sa Majesté, au nom du gouvernement de l'Empereur, que dans ce cas toute l'affaire serait complétement à fin.

Il me dit : Assurément ; et il prit une feuille de papier sur laquelle il écrivit le memorandum suivant qu'il plaça entre ses mains :

« Nous demandons au roi de Prusse de défendre au prince de Hohenzollern de revenir sur sa résolution. S'il le fait, tout l'incident est terminé. » (Ce passage est en français dans le texte.)

Je fis observer à M. de Gramont que je pouvais difficilement concevoir que le gouvernement français pût réellement appréhender qu'après tout ce qui s'était passé le prince Léopold pût de nouveau s'offrir lui-même comme candidat ou être accepté par le gouvernement espagnol s'il le faisait.

M. de Gramont répondit qu'il était obligé de prendre des précautions contre une telle éventualité, et que si le roi refusait de formuler la simple prohibition qui était proposée, la France devrait supposer que l'on poursuivait contre elle des desseins hostiles, et prendre ses mesures en conséquence.

Finalement, M. de Gramont me demanda si la France pouvait compter sur les bons offices de l'Angleterre pour l'aider à obtenir du roi cette prohibition.

Je lui dis que rien ne pouvait surpasser le désir qu'éprouvait le gouvernement de Sa Majesté d'effectuer une réconciliation entre la France et la Prusse, mais que naturellement je ne pouvais prendre sur moi de répondre tout de suite, sans en référer au gouvernement de Sa Majesté, à une question spéciale de cette nature.

Je lui promis de rapporter immédiatement à Votre Seigneurie tout ce qu'il avait dit.

Le sujet est des plus urgents, car M. de Gramont

s'est engagé à donner des explications à la Chambre après-demain.

J'ai l'honneur, etc.

Signé : Lyons.

Maintenant faisons observer que, le jour même où le comte Bismarck à Berlin exprimait sa conviction que la guerre était inévitable, que le roi de Prusse avait été trop poli pour l'ambassadeur de France, et que la France devait être amenée à faire amende honorable à la Prusse pour qu'une rupture ouverte pût être évitée, le ministre français des affaires étrangères déclarait à l'ambassadeur britannique à Paris, « que la France ne s'offenserait pas de la conduite du roi de Prusse, et ne demanderait pas à Sa Majesté de faire aucune excuse. » Elle ne demanderait même pas à la Prusse de « prévenir le départ du prince pour l'Espagne ». Elle serait satisfaite et considérerait l'affaire comme terminée, si le roi de Prusse voulait « interdire » au prince Léopold de reprendre sa candidature. En un mot, tout ce que le gouvernement français désirait à ce moment, c'était que le roi de Prusse exprimât de quelque manière sa désapprobation de la candidature du prince Léopold, chose qu'il n'avait jamais faite, et qu'il n'a pas faite encore aujourd'hui. Cette légère concession aurait prévenu la guerre : mais cette concession ne fut pas faite.

Le 13 juillet donc, la situation peut être ainsi décrite : la France se sentait offensée, mais déclarait son bon vouloir d'avaler l'affront dans l'intérêt de la paix. La Prusse professait des intentions pacifiques, mais croyait un arrangement pacifique impossible, et insistait sur la nécessité d'exiger une réparation de la France. Laquelle de ces deux attitudes est la plus pacifique? En outre, laquelle des deux puissances a donné les meilleures preuves pratiques d'intentions pacifiques? Le ministre français des affaires étrangères engageait son gouvernement explicitement et formellement à une solution pacifique, pourvu que le roi de Prusse pût être amené à faire la moitié du chemin; et il sollicitait les bons offices du gouvernement anglais dans la cause de la conciliation et de la paix.

Voilà pour les dispositions du gouvernement français. Comment agit la Prusse? Lord Granville entreprit l'office de pacification avec empressement. Il pensait, à la vérité, que la France aurait pu être satisfaite par le simple retrait de la candidature du prince de Hohenzollern. Cependant le gouvernement de Sa Majesté était d'opinion que le roi de Prusse pourrait être amené, dans l'intérêt de la paix, à faire une concession dont la France déclarait elle-même qu'elle se tiendrait pour satisfaite. Le paragraphe suivant de la réponse du comte Granville à la dépêche de lord Lyons, explique le caractère de la proposition « recommandée instamment au roi de Prusse » par notre gouvernement.

« Cette recommandation a été placée sous les yeux

du roi, de la part du gouvernement de Sa Majesté, dans les termes suivants, savoir : Que, de même que Sa Majesté le roi avait consenti à l'acceptation de la couronne d'Espagne par le prince Léopold, et était ainsi dans un certain sens devenu partie à l'arrangement, de même il pouvait, avec une parfaite dignité, communiquer au gouvernement français son consentement au retrait de l'acceptation, si la France renonçait à sa demande d'un engagement garantissant l'avenir. Une telle communication, a dit le gouvernement de Sa Majesté, faite à la suggestion d'une puissance amie, serait une nouvelle et très-forte preuve du désir du roi pour le maintien de la paix en Europe.

Je suis, etc.

Signé : GRANVILLE.

Malheureusement, lord Granville avait compté sans son hôte. Cette « recommandation » n'avait pas été placée sous les yeux du roi. La dépêche suivante explique pourquoi.

Le comte Granville à lord A. Loftus.

Foreign office, le 15 juillet 1870.

MYLORD, — Par mon télégramme d'hier, daté de trois heures après-midi, Votre Excellence aura dû apprendre que, dans un memorandum qui a été placé entre les mains de l'ambassadeur de l'Allemagne du Nord dans la vue d'être communiqué au roi de Prusse, le gouvernement de Sa Majesté recommandait à la Prusse que, de même que le roi avait consenti à l'acceptation de la couronne d'Espagne par le prince Léopold, et était par là dans un certain sens devenu partie à l'arrangement, Sa Majesté pourrait, avec une parfaite dignité, communiquer au gouvernement français son consentement au retrait de cette acceptation, dans le cas où la France renoncerait à sa demande d'un engagement de la part de la Prusse garantissant l'avenir.

Le comte Bernstorff m'a rendu visite ce matin et m'a informé qu'il avait reçu un télégramme du comte Bismarck, dans lequel celui-ci lui exprimait le regret que le gouvernement de Sa Majesté eût fait une proposition qu'il lui serait impossible de recommander au roi pour l'acceptation de Sa Majesté.

La Prusse avait montré, sous la menace publique de la France, un calme et une modération qui rendraient toute concession ultérieure de sa part équivalente à une soumission aux volontés arbitraires de la France, et paraîtrait sous l'aspect d'une humiliation que le sentiment national de toute l'Allemagne repousserait certainement comme une nouvelle insulte.

L'opinion publique en Allemagne prouve que, sous l'influence des menaces de la France, la totalité de l'Allemagne était arrivée à cette conclusion que la guerre, même dans les circonstances les plus difficiles, serait préférable à la soumission du roi aux demandes injustifiables de la France.

Le gouvernement prussien, comme tel, n'a rien à faire avec l'acceptation de la candidature du prince Léopold de Hohenzollern, et n'en a même pas eu connaissance. Il ne peut donc pas contre-balancer son assentiment à une telle acceptation par son assentiment à son retrait.

Une demande d'intervention de la part d'un souverain dans une matière d'un caractère purement privé, ne pourrait, dans l'opinion de Son Excellence (M. de Bismarck) devenir le sujet de communications publiques entre deux gouvernements, d'autant plus que le prétexte originaire pour cette demande se trouvait dans la candidature elle-même, et que la nécessité en a cessé maintenant que cette candidature a été abandonnée.

Je suis, etc.

Signé : GRANVILLE.

Est-ce là la conduite d'un homme désireux de conserver la paix? Et le comte Bismarck ne fut pas satisfait d'avoir accueilli la médiation du cabinet britannique par une rude rebuffade. Le soir de ce fatal 13 juillet, la dépêche télégraphique suivante fut publiée dans un supplément spécial de l'organe ministériel prussien, la *Gazette de l'Allemagne du Nord.* Je copie la dépêche, le titre et tout, exactement, telle qu'elle a été transmise par le comte Bismarck à l'ambassadeur prussien à Londres.

Télégramme adressé par le gouvernement prussien aux gouvernements étrangers.

(Traduction.)

Après que la nouvelle de la renonciation du prince héréditaire de Hohenzollern eut été officiellement communiquée au gouvernement impérial de France par le gouvernement royal d'Espagne, l'ambassadeur français à Ems demanda de nouveau à Sa Majesté le roi de l'autoriser à télégraphier à Paris que Sa Majesté le roi s'engageait pour tout le temps à venir à ne jamais

donner de nouveau son consentement, si les Hohenzollern revenaient de nouveau à leur candidature. Sur ce,
Sa Majesté le roi refusa de recevoir encore l'ambassadeur français, et lui fit dire par l'adjudant de service
que Sa Majesté n'avait rien de plus à communiquer à
l'ambassadeur.

L'effet produit par ce télégramme sur la population de Berlin et la version de l'incident qui
transpira du cabinet du comte Bismarck, sont ainsi
décrits par le correspondant du *Times* à Berlin :

« Revenant aux prétentions indéfinies insinuées par
ses représentants dans les différentes phases de la
négociation, la France déclara n'être pas satisfaite de
la simple renonciation du prince de Hohenzollern.
Elle insiste maintenant sur une sanction publique de
sa retraite par le roi de Prusse. Elle va plus loin :
elle a demandé au roi de Prusse de s'engager pour
l'avenir à ne permettre à aucun membre de sa famille
de devenir candidat au trône d'Espagne. Extravagante
en elle-même, cette demande est rendue encore plus
offensante par la forme dans laquelle elle est présentée.
Pour s'acquitter du disgracieux message que ses instructions lui prescrivaient de transmettre, l'ambassadeur français trouva convenable d'arrêter Sa Majesté
pendant qu'elle se promenait dans le jardin public à
Ems. Là, dans une allée remplie des hôtes du Spa
germanique, au milieu de brillantes dames et de messieurs conversant à quelques pas, et les yeux de tout
ce cercle élégant et curieux étant fixés sur eux,
le représentant de la France accosta le roi de
Prusse. Avait-il pour instruction de se dispenser des
formes ordinaires des relations diplomatiques, ou

bien la négligence du cérémonial, si fâcheusement remarquable dans sa conduite ne fut-elle qu'une bévue
commise avec inadvertance par le comte Benedetti,
et non une insulte délibérément méditée et ordonnée
par son gouvernement? Dans une occasion de si vi-
tale importance, il est difficile d'admettre que le respect convenable ait été négligé autrement que de propos délibéré. Quoi qu'il en puisse être, le roi trouvant
qu'une demande exorbitante lui était adressée de la
manière la plus inconvenante, eut à agir en conséquence du fait de l'offense, et non à en examiner les
causes. Il s'acquitta du devoir du moment avec les
manières dignes et de parfait gentilhomme pour lesquelles il est renommé. Se tournant tranquillement
vers son adjudant, le lieutenant-colonel comte Lehndorf, qui s'était retiré de quelques pas lorsqu'il avait
vu l'ambassadeur s'approcher, le roi dit : « Soyez
assez bon pour informer le comte Benedetti qu'il n'y
a pas de réponse, et que je ne puis le recevoir de nouveau. » Pendant que le comte Lehndorf s'acquittait
de sa commission, le roi s'éloigna. Le cercle joyeux
des assistants demeura pétrifié. Ils en avaient vu
assez pour comprendre que quelque chose de sérieux
devait être arrivé. Pourtant ils n'étaient pas préparés
aux étourdissants récits qui devaient bientôt commen-
cer à se répandre.

Le roi fit immédiatement télégraphier l'affaire au
comte Bismark, qui ne perdit pas de temps pour
la publier. A neuf heures du soir, on voyait des
crieurs en grand nombre dans les principaux lieux
de passage, *distribuant gratis* un supplément spécial
de la *Gazette de l'Allemagne du Nord*. Il contenait un
court paragraphe rapportant dans un langage sans

prétention, et sans aucune remarque, ce qui était arrivé. L'effet que ce bout de papier imprimé produisit sur la ville fut terrible. Il fut salué par les vieux et les jeunes. Il fut le bienvenu pour les pères de famille et pour les adolescents. Il fut lu et relu par les dames et les jeunes filles, et dans un élan patriotique repassé finalement aux servantes qui espérèrent ardemment que leurs amants seraient déjà partis pour la frontière. Comme si une tache avait été effacée de l'écusson national, comme si un fardeau trop lourd et trop longtemps supporté avait été enfin rejeté, le peuple remerciait Dieu de ce que son honneur eût été vengé en dernier lieu d'une intolérable arrogance. Il n'y eut qu'une opinion sur la conduite virile et digne du roi ; il n'y eut qu'une détermination de suivre son exemple et de relever le gant jeté au visage de la nation. A dix heures, la place devant le palais royal fut couverte d'une multitude excitée. Des hurrahs pour le roi et des cris « au Rhin » se firent entendre de tous côtés. De semblables démonstrations furent faites dans d'autres quartiers de la ville. Ce fut l'explosion d'une colère longtemps contenue.

Remarquez particulièrement cette phrase significative : — « A neuf heures du soir, on put voir « des crieurs en grand nombre dans les principaux « lieux de passage, *distribuant gratis* un supplé- « ment spécial de la *Gazette de l'Allemagne du* « *Nord* » (l'organe officiel du gouvernement prussien). Qui avait envoyé ces crieurs à leur mission guerrière ? Le comte Bismarck serait probablement en état de répondre à cette question.

Mais le comte Bismarck, non content d'avoir surexcité les sentiments belliqueux de Berlin jusqu'à une ardeur fébrile, télégraphia immédiatement aux gouvernements étrangers le paragraphe incendiaire qu'il avait publié dans la *Gazette de l'Allemagne du Nord*. Le résultat naturel s'ensuivit. Paris releva le défi de Berlin. Mais que l'on n'oublie pas que ce fut Berlin, — trompé par une *ruse* qui, lue à la lumière sanglante des six derniers mois, peut être justement caractérisée comme diabolique, — que ce fut Berlin qui jeta le gant. En criant « à Berlin, » Paris, après tout, ne fit que répondre à Berlin le défiant « sur le Rhin » et criant « à Paris! »

Comment ce déplorable incident affecta le Gouvernement français, c'est ce qui est relaté dans la dépêche suivante :

Lord Lyons au comte Granville (reçue le 16 juillet).

Paris, le 14 juillet 1870.

Mylord, — Dans ma dépêche d'hier, je communiquais à Votre Seigneurie l'exposé que m'avait fait le duc de Gramont de l'état de la question concernant l'acceptation de la couronne d'Espagne par le prince Léopold de Hohenzollern et le retrait récent de cette acceptation.

Ma dépêche était partie à l'heure ordinaire, sept heures du soir. Pendant la première partie de la nuit suivante, l'espérance qu'il serait encore possible de préserver la paix gagna quelque force. On apprit que la renonciation du prince Léopold lui-même à ses prétentions était venue confirmer celle faite de sa part par son père, et que le gouvernement espagnol avait formellement déclaré au gouvernement de France que la candidature du prince était abandonnée. Le langage des membres influents du cabinet était plus pacifique, et l'on croyait possible que quelque nouvelle pacifique arrivât de Prusse et mit le gouvernement à même de déclarer que toute la question était terminée.

Mais au matin tout était changé. On avait reçu du chargé d'affaires à Berlin un télégramme annonçant qu'un article avait paru dans l'organe ministériel prussien, la *Gazette de l'Allemagne du Nord*, portant que l'ambassadeur français avait requis le roi de promettre qu'il ne permettrait jamais à un Hohenzollern d'être candidat au trône d'Espagne; que là-dessus, Sa Majesté avait refusé de recevoir l'ambassadeur et lui avait fait annoncer par un aide de camp qu'il n'avait rien de plus à lui dire.

La nouvelle de la publication de cet article changea complétement les vues du Gouvernement français sur l'état de la question. L'Empereur vint de Saint-Cloud à Paris et tint un conseil aux Tuileries, et il fut considéré comme certain qu'une déclaration hostile à la Prusse serait adressée immédiatement aux Chambres par le Gouvernement.

Je fis tous les efforts possibles pour voir le duc de Gramont, mais je ne pus y parvenir. Je lui envoyai alors un très-pressant message par le chef de son cabinet, le priant, au nom du gouvernement de Sa Majesté, de ne pas se jeter précipitamment dans des

4

mesures extrêmes, et à tout événement, de ne pas
engager le gouvernement par une déclaration pré-
maturée aux Chambres. Il serait plus prudent, lui
représentai-je, et en même temps plus digne d'ajour-
ner la communication aux chambres au moins jusqu'au moment originairement fixé, c'est-à-dire jusqu'au lendemain.

Dans l'intervalle, quoique la nouvelle de l'apparition de l'article dans la *Gazette de l'Allemagne du Nord*
ne fût pas encore généralement connue, l'excitation
publique était si grande, et tant d'irritation existait
dans l'armée, qu'il devenait douteux que le gouvernement pût arrêter le cri pour la guerre, même s'il
avait été en mesure d'annoncer un succès diplomatique décidé. On sentait que, lorsque l'article prussien paraîtrait dans les journaux du soir de Paris, il
serait très-difficile de contenir la colère du peuple ; et
l'on pensait généralement que le gouvernement serait
obligé d'apaiser l'impatience publique en déclarant
formellement son intention de tirer satisfaction de la
conduite de la Prusse.

Les séances du Corps législatif et du Sénat se sont
néanmoins passées sans qu'aucune communication
ait été faite à ce sujet, et ainsi aucune démarche ir-
réparable n'a encore été commise par le gouvernement.

Je ne puis cependant m'aventurer à donner à Votre
Seigneurie aucune espérance que la guerre puisse
maintenant être évitée. Je continuerai à faire tout ce
qui est possible, au nom du gouvernement de Sa Majesté, pour détourner cette grande calamité ; mais je
suis obligé de dire qu'il y a les plus sérieuses raisons
d'appréhender qu'une annonce presque équivalente à

une déclaration de guerre soit faite aux Chambres demain.

J'ai, etc.

Signé : Lyons.

Le jour suivant (15 juillet), le Gouvernement français émit la déclaration suivante :

(Traduction.)

Déclaration du Gouvernement. — Le garde des sceaux a fait au Corps législatif la déclaration suivante, qui a été en même temps lue au Sénat par le duc de Gramont :

« En l'absence de mon honorable ami, M. le duc de Gramont, je viens communiquer à la Chambre la résolution qui a été adoptée au conseil des ministres.

« Le ministre rappelle à la Chambre comment, aussitôt que le gouvernement a été informé de l'acceptation du trône d'Espagne par le prince Léopold, il a demandé des explications au cabinet prussien.

« Le cabinet de Berlin prétendit ignorer l'affaire et déclara qu'il n'y avait pas participé.

« Là-dessus, le gouvernement français s'adressa directement au roi de Prusse.

« Ordre fut donné à l'ambassadeur de se rendre à Ems.

« Le roi de Prusse reconnut qu'il avait autorisé le prince Léopold à accepter la couronne, mais seulement en sa qualité de chef de famille, et non en celle de roi.

« Néanmoins Sa Majesté admit qu'elle en avait parlé au comte Bismarck.

« Ces réponses n'ont pas paru satisfaisantes au gouvernement français, qui ne pouvait admettre ces subtiles distinctions.

« Le gouvernement insista pour que le roi de Prusse imposât au prince Léopold la condition expresse de renoncer, pour l'avenir, à la couronne d'Espagne, si elle lui était offerte de nouveau.

« Cette demande modérée a été repoussée à la fois dans le fond et dans la forme.

« Le roi répondit qu'il n'avait ni le pouvoir, ni la volonté de prendre un tel engagement.

« Quoique ce refus semblât inexplicable, le gouvernement ne rompit pas les négociations, et grande fut la surprise du gouvernement français lorsqu'il apprit hier que le roi de Prusse avait annoncé à l'ambassadeur qu'il ne voulait pas le recevoir, et que son gouvernement avait annoncé cette décision aux cabinets de l'Europe.

« Le gouvernement apprit en même temps que le baron de Werther avait reçu l'ordre de demander ses passe-ports.

« Dans ces circonstances, un nouveau recours à la conciliation était impossible. — C'aurait été oublier la dignité de la France.

« Nous n'avons rien négligé pour éviter une guerre, ajouta le ministre. Nous avons à nous préparer pour celle qui nous est offerte. (Acclamation de la droite.)

« Depuis hier, continua le ministre, nous avons appelé les réserves, et nous avons compté sur votre concours pour prendre immédiatement les mesures nécessaires pour sauvegarder les intérêts et l'honneur de la France. (Nouvelles acclamations de la droite.)

Le même jour, le duc de Gramont eut une conversation avec lord Lyons, dans laquelle je choisis les passages suivants :

« Il désirait que j'exprimasse au gouvernement de Sa Majesté les remercîments du gouvernement de l'Empereur pour les efforts amicaux qu'il a faits afin de réaliser une solution satisfaisante de la question avec la Prusse. Les bons offices du gouvernement de Sa Majesté ont, néanmoins, été rendus inutiles par les derniers actes du gouvernement prussien. Ce gouvernement a, de propos délibéré, insulté la France en déclarant au public que le roi avait fait un affront à l'ambassadeur français. C'était évidemment l'intention du gouvernement de Prusse de se donner du crédit sur le peuple de l'Allemagne, pour avoir agi avec hauteur et impolitesse, — et en réalité, d'humilier la France. Non-seulement un récit si offensant pour la France a été publié par le gouvernement dans ses journaux, mais il a été communiqué officiellement par le télégraphe aux agents prussiens dans toute l'Europe.

Jusqu'à ces derniers faits, la négociation avait eu un caractère exclusivement privé. Elle avait, d'après les circonstances particulières de l'affaire, été conduite directement avec le roi de Prusse. Le ministre prussien des affaires étrangères, le comte Bismarck, était allé à la campagne et il avait été impossible de l'approcher. La négociation n'avait pas marché d'une manière satisfaisante. Mais aussi longtemps qu'elle

4.

était restée privée, il y avait des espérances de
l'amener à une conclusion satisfaisante. En réalité, le
roi n'avait pas traité M. Benedetti avec la rude impolitesse dont s'était vanté le gouvernement prussien.
Mais ce gouvernement avait pris le parti de déclarer
à l'Allemagne et à l'Europe que la France avait reçu
un affront dans la personne de son ambassadeur.
C'était cette vanterie qui était l'aggravation de l'offense. Elle constituait une insulte qu'aucune nation de
quelque courage ne pouvait supporter, et rendait impossible, au grand regret du gouvernement français,
de prendre en considération le mode d'arrangement
de l'objet primitif en discussion, qui avait été recom-
mandé par le gouvernement de Sa Majesté.

Le comte Bismarck ne perdit pas de temps pour
donner la version prussienne de l'incident d'Ems
et de la situation générale à la date de la rupture.
Il le fit dans une dépêche au comte Bernstorff datée
du 18 juillet. Les extraits suivants contiennent la
substance de ses arguments.

« Depuis une semaine, il ne pouvait y avoir pour
nous un doute que l'empereur Napoléon était résolu,
sans égard aux conséquences, à nous placer dans
une position où nous n'aurions à choisir qu'entre la
guerre et une humiliation que les sentiments d'honneur de la nation ne pourraient supporter. Si nous
avions pu conserver aucun doute, nous avons dû être
détrompés par le rapport de l'ambassadeur royal sur
sa première conférence avec le duc de Gramont et
M. Ollivier, après son retour d'Ems, dans laquelle le
premier présenta la renonciation du prince de Ho-

henzollern comme un objet secondaire, et *les deux ministres demandèrent que Sa Majesté le roi écrivît une lettre apologétique à l'empereur Napoléon, dont la publication pourrait apaiser les sentiments surexcités en France.* L'insolence de la presse gouvernementale française devançait le triomphe désiré ; mais le gouvernement semble avoir craint que la guerre ne pût encore lui échapper, et se hâta, par sa déclaration officielle du 15 juillet, de transporter le sujet sur un terrain qui n'admettait plus d'intervention, et de nous prouver, ainsi qu'au monde entier, qu'aucune condescendance, dans les limites des sentiments d'honneur national, ne suffirait à maintenir la paix.

Comme d'ailleurs personne ne doutait ou ne pouvait douter que *nous* (1) désirions sincèrement la paix et que, peu de jours auparavant nous croyions la guerre impossible, comme tout prétexte pour la guerre manquait, et que même le dernier prétexte, créé artificiellement et d'une manière forcée, avait disparu de lui-même, après s'être élevé sans notre participation ; comme, en conséquence, il n'y avait aucune cause quelconque de guerre, il ne restait plus aux ministres français qu'un moyen de se justifier en apparence devant *leur propre peuple, en réalité animé de dispositions pacifiques et demandant la tranquillité : c'était, de dénaturer et d'inventer des faits, dont la fausseté leur était connue par des documents officiels, de manière à persuader aux deux corps représentatifs, et par eux au peuple, que la France avait reçu un affront de la Prusse, et à amener ainsi les passions à une explosion par laquelle ils pourraient se présenter eux-mêmes comme emportés.*

---

(1) Les italiques sont du comte Bismarck.

Ce serait une triste besogne que d'exposer cette série de faussetés : heureusement les ministres français ont abrégé cette tâche, car en refusant de produire la note ou la dépêche, comme cela leur était demandé par une partie de l'Assemblée, *ils ont préparé le monde à la nouvelle que cette note n'avait aucune existence.*

Tel est le fait en réalité. Il n'existe point de note ou de dépêche par laquelle le gouvernement prussien ait notifié aux cabinets de l'Europe un refus de recevoir l'ambassadeur français. Il n'existe rien que le télégramme de journal connu de tout le monde, qui a été communiqué aux gouvernements allemands et à quelques-uns de nos représentants auprès des gouvernements non germaniques, comme l'ont dit les journaux, afin de les informer de la nature des demandes françaises et de l'impossibilité d'y consentir, et qui d'ailleurs ne contient rien d'injurieux pour la France.

Le texte de ce télégramme est ci-inclus. Nous n'avons adressé aucune communication ultérieure sur l'incident à aucun gouvernement. A l'égard du fait du refus de recevoir l'ambassadeur français, et dans le but de placer cette assertion sous son vrai jour, je suis autorisé par Sa Majesté à transmettre à Votre Excellence les deux documents officiels ci-inclus, avec l'invitation de les communiquer au gouvernement auprès duquel vous avez l'honneur d'être accrédité. Le premier est un récit littéralement exact de ce qui s'est passé à Ems, tracé d'après l'ordre et avec l'approbation immédiate de Sa Majesté le roi ; le second est le rapport officiel de l'aide de camp de service auprès de Sa Majesté, sur l'accomplissement de la mission qui lui a été confiée.

Il n'est pas nécessaire de vous faire remarquer que

la fermeté apportée dans le rejet de la prétention française a été accompagnée de tous les égards amicaux à la fois dans le fond et dans la forme qui s'accordent si bien avec les habitudes personnelles de Sa Majesté le roi, comme aussi avec les principes de courtoisie internationale envers les représentants des souverains et des nations amies.

Finalement, en ce qui concerne le départ de notre ambassadeur, je fais seulement remarquer, ce qui était officiellement connu du cabinet français, qu'il s'agissait, non d'un rappel, mais d'une absence par congé demandée par l'ambassadeur pour des raisons personnelles, et qu'il avait remis les affaires au premier conseiller de légation qui l'avait souvent représenté auparavant, après m'en avoir donné avis comme d'usage. C'est également une fausse assertion que Sa Majesté le roi m'ait communiqué la candidature du prince Léopold, à moi le chancelier soussigné de la Confédération. *J'ai été occasionnellement informé en confidence de l'offre espagnole par une personne privée mêlée à la négociation.*

Ce document est un bon spécimen de la méthode de controverse du comte Bismarck. Se fiant à l'incapacité ou au peu d'inclination de la foule pour analyser les faits en eux-mêmes, il bâtit un édifice d'allégations absolument fausses sur la plus faible base possible de vérité. Passons au creuset quelques-unes des allégations citées ci-dessus, et nous trouverons, je le pense, quelques faibles parcelles de vérité mêlées à un énorme faisceau de mensonges.

Le gouvernement français, nous dit-on, « demandait que Sa Majesté le roi écrivît une lettre apologétique à l'empereur Napoléon ». Le comte Bismarck énonce cette assertion formelle dans une dépêche adressée à l'ambassadeur de l'Allemagne du Nord à Londres ; et il avait précédemment fait une semblable communication aux journaux de Berlin, ce qui naturellement avait jeté de l'huile sur le feu des sentiments guerriers contre la France. Or, assurément un homme d'Etat qui « désirait sincèrement la paix », n'aurait pas publié une telle déclaration, même si elle eût été vraie. Mais elle n'était pas vraie. Le gouvernement de France n'avait jamais « demandé une lettre apologétique » au roi de Prusse. L'audacieuse assertion du comte Bismarck a été énergiquement démentie par le ministre auquel il l'imputait. Aucune trace d'une telle demande ne peut être trouvée dans aucun des papiers publiés par le gouvernement de Sa Majesté. Ce qui avait réellement eu lieu, est ainsi rapporté par le duc de Gramont :

« L'ambassadeur de Prusse, dans notre entrevue, insista particulièrement sur cette considération, que le roi, en autorisant la candidature du prince de Hohenzollern, n'avait jamais eu aucune intention de blesser l'Empereur, et n'avait jamais supposé que cette combinaison pût porter ombrage à la France. Je fis observer à mon interlocuteur que, si le cas était tel, une semblable assurance donnée serait de nature à faciliter l'accord que nous cherchions. Mais je n'ai pas demandé que le roi écrivît une lettre d'apologie, comme les journaux de Berlin l'ont prétendu dans leurs commentaires semi-officiels.

Et ce fut sur cette innocente remarque, tombée accidentellement dans le cours de la conversation, que le comte Bismarck bâtit son énorme assertion, que le gouvernement de France avait demandé une lettre d'apologie du roi de Prusse.

Non moins tortueux est le récit que donne le comte Bismarck du mystérieux télégramme qui fut la cause immédiate de la guerre. Selon le correspondant du *Times* à Berlin, il fut envoyé d'Ems au comte Bismarck, par le roi de Prusse, et il est universellement admis que le comte Bismarck le communiqua à l'organe officiel du gouvernement à Berlin. Le comte Bismarck reconnaît de plus explicitement qu'il « communiqua » le télégramme « aux gouvernements allemands et à quelques-uns de nos représentants auprès des gouvernements non allemands, afin de les informer de la nature des demandes françaises et de l'impossibilité d'y accéder ». Il en adresse même au comte Bernstorff « le texte ci-inclus » dans la forme exacte où nous l'avons déjà cité (1).

Il arriva cependant que le gouvernement français parla du télégramme comme d'une « note ou dé-

---

(1) Voir page 56.

pêche »; et le comte Bismarck, en conséquence, devient tout à fait pathétique dans la douleur que lui cause la fausseté des ministres français. « C'est une triste besogne, dit-il, que d'exposer la série de ces mensonges. » Et au premier rang de cette série figure la déclaration faite par le gouvernement français que le gouvernement prussien avait communiqué aux cabinets étrangers le refus du roi de Prusse de recevoir l'ambassadeur de France. « Une telle communication, dit le comte Bismarck, n'a aucune existence quelconque....... Il n'existe aucune note ou dépêche par laquelle le gouvernement prussien ait notifié aux cabinets de l'Europe un refus de recevoir l'ambassadeur français. » Et alors suit le froid aveu que le comte Bismarck lui-même a fait précisément cette chose qu'il vient de dénoncer comme le premier terme « d'une série de mensonges » ! Un affront ne cesse pas d'être un affront parce que le fil télégraphique a servi de moyen pour sa divulgation, et le comte Bismarck est probablement le seul homme en Europe dont la cynique audace soit égale à la perpétration d'un si transparent sophisme. Mais il connaît bien l'humanité. L'expérience lui a évidemment appris la valeur de l'immoral adage de son compatriote « *pecca fortiter* », — au moins dans le domaine de la politique. Mentez hardiment, et la généralité des hommes, trop indolents ou trop négligents pour contrôler vos assertions par les faits, mesurera l'exac-

titude de vos thèses par l'énergie de votre affirmation (1).

---

(1) Voici un autre exemple de la manière dont ce prê-
cheur de véracité a coutume de pratiquer ses propres pré-
ceptes. Dans une longue invective contre la France, qu'il
adressa le 9 janvier dernier aux représentants de l'Allemagne
près les cours étrangères, il accuse le gouvernement français d'encourager ouvertement les prisonniers français à
violer leur parole, et il fonde cette accusation sur un décret
que le prince Frédéric-Charles trouva dans les environs de
Vendôme, après la défaite de l'armée de la Loire. Le comte
Bismarck avait évidemment le décret devant lui pendant
qu'il écrivait, car il le cite. Et voici ce qu'il en dit :
« Pendant ces quelques derniers jours, nous avons obtenu
la preuve que le présent ministre de la guerre sanctionne
expressément cette déloyauté (de violer sa parole), l'encourage et promet de la récompenser par un paiement en argent
comptant. Un décret du ministre de la guerre, daté du 15
novembre, qui est tombé entre les mains de nos troupes,
« *désirant encourager les officiers à s'échapper des mains
de l'ennemi* », promet à tout individu échappé de l'Allemagne, en outre des compensations antérieurement promises
pour ses pertes, une somme de 750 francs. »
Mais, heureusement pour la cause de la vérité, le correspondant militaire du *Times* auprès de l'armée du prince
Frédéric-Charles, envoya au *Times* une copie de ce même
décret, et le fit précéder de cette juste remarque, « qu'il
montre du moins que le Gouvernement français n'encourage
pas ouvertement l'évasion des officiers qui ont donné leur
parole aux Prussiens ». Voici ce décret, tel qu'il est publié
dans le *Times* du 30 décembre.

MINISTÈRE DE LA GUERRE, TOURS, 13 *novembre*.

MESSIEURS, — Par un décret du 10 novembre, le gouvernement de la défense nationale, désirant encourager les offi-

Le départ soudain de l'ambassadeur prussien

ciers à s'échapper des mains de l'ennemi, a résolu que ceux d'entre eux qui rentreraient en France après leur évasion, recevraient une indemnité de 750 fr. pour s'habiller et s'équiper à nouveau.

« Cette mesure ne s'applique pas aux pertes d'effets souffertes dans d'autres conditions. La perte doit être prouvée dans la forme ordinaire prescrite par l'ordonnance du 25 décembre 1837 (articles 2 et 3).

« Vous êtes autorisé à faire payer l'allocation de 750 fr. après avoir constaté l'identité des officiers au moyen de papiers réguliers, et leur position réelle par une déclaration sur l'honneur qu'ils se sont échappés. »

Après des énonciations relatives au paiement de sommes plus élevées aux officiers de rangs supérieurs, le document continue :

« Les précédentes dispositions étant applicables à tous les officiers échappés, sans exception, depuis l'ouverture de la campagne, vous pouvez fournir à tous ceux qui ont déjà reçu une indemnité moindre que 750 francs la somme nécessaire pour compléter l'allocation.

« Il est bien entendu que tous les officiers et fonctionnaires, officiers de santé et agents administratifs qui peuvent revenir en se couvrant de la convention de Genève, sont exclus de la présente décision. *En ce qui concerne les officiers qui ont pris un engagement quelconque avec la Prusse, les règles posées dans les circulaires des 27 et 28 septembre dernier leur refusent toute espèce d'indemnité pour la perte de leurs effets.* Il n'y a aucun changement en ce qui concerne la perte de chevaux. — Recevez, etc. »

Il est évident, d'après les mots en italiques, que les officiers qui ont donné leur parole sont expressément exclus des termes de la stipulation ; et le comte Bismarck le savait, lorsqu'il citait ce décret comme « encourageant des officiers de l'armée française à violer leur parole d'honneur».

de Paris au moment le plus critique de l'excitation
entre les deux gouvernements, était certainement
un étrange moyen de montrer le «sincère désir de
la paix ressenti par la Prusse». Mais « ce n'était
pas un rappel, mais une absence par congé, demandée par l'ambassadeur pour des raisons personnelles ». L'ambassadeur qui aurait fait une
telle demande à un tel moment aurait dû être à
l'instant destitué de son poste : mais qui pourrait
croire à la sincérité de cette excuse? Est-il possible
de douter que « les raisons personnelles » du baron
de Werther aient été inventées dans le cabinet du
comte Bismarck, et n'aient été destinées à former
un autre anneau dans cette chaîne d'adroites ma-
nœuvres par lesquelles le comte Bismarck s'efforçait d'entraîner la France à sa fatale rencontre
avec les masses armées de l'Allemagne?

« C'est aussi une affirmation fausse (dit M. de
Bismarck), que Sa Majesté le roi m'ait communiqué la candidature du prince Léopold, à moi, le
chancelier soussigné de la Confédération. » Mais
« j'ai été accidentellement informé en confidence
de l'offre espagnole, par une personne privée engagée dans les négociations ». Observez la casuis-
tique de cette distinction. Le roi de Prusse avouait
au comte Benedetti qu'il avait informé le comte
Bismarck de la candidature Hohenzollern. Mais
c'était M. de Bismarck, et non « le chancelier
soussigné de la Confédération » à qui cette royale
confidence était communiquée; c'était l'homme,

non le ministre, qui était consulté sur le sujet de
la candidature. Des raisonnements de cette sorte
seraient, dans la vie privée, flétris comme de mé-
prisables subterfuges. Un homme cesse-t-il d'être
assujetti aux règles reconnues de la moralité, lorsqu'il porte l'uniforme de diplomate ?

Dans la dépêche que nous examinons, le comte
Bismarck s'en réfère à « deux documents officiels »,
expliquant l'incident d'Ems. Ils sont en substance
identiques, et il suffit, en conséquence, de citer le
premier, qui est ainsi conçu :

*Memorandum de ce qui s'est passé à Ems, écrit
d'après l'ordre et avec l'approbation du roi de
Prusse.*

(Traduction.)

« Le 9 du courant, le comte Benedetti demanda à
Ems une audience du roi, qui lui fut aussitôt accordée. Là il demanda que le roi ordonnât au prince de
Hohenzollern de retirer son acceptation de la couronne espagnole. Le roi répondit que, comme pendant tout le cours de l'affaire on s'était adressé à lui
seulement comme chef de la famille et jamais comme
roi de Prusse, qu'en conséquence il n'avait pas donné
d'ordre pour l'acceptation de la candidature au trône,
il ne pouvait non plus donner aucun ordre pour sa
rétractation. Le 11, l'ambassadeur français demanda et
obtint une *seconde* audience, dans laquelle il s'efforça
d'exercer une pression sur le roi, afin qu'il amenât le
prince à renoncer à la couronne. Le roi répliqua que
le prince était entièrement libre dans ses résolutions ;

que de plus lui-même ne savait pas où était en ce
moment le prince, qui avait entrepris un voyage dans
les-Alpes. A la promenade de la fontaine, le matin du
13, le roi donna à l'ambassadeur un numéro extraordinaire de la *Gazette de Cologne*, qui venait de lui
être remis à lui-même, avec un télégramme privé de
Sigmaringen, relatif à la renonciation du prince, le
roi faisant remarquer que lui-même n'avait encore
reçu aucune lettre de Sigmaringen, mais qu'il pouvait
en attendre une dans la journée. Le comte Benedetti
déclara qu'il avait reçu de Paris la nouvelle de la renonciation, la veille au soir; et tandis que là-dessus
le roi considérait l'affaire comme arrangée, l'ambassadeur alors, d'une manière tout à fait inattendue, re-
quit le roi de formuler une assurance distincte que
jamais de nouveau il ne donnerait son consentement,
si la candidature à la couronne en question était
jamais ravivée. Le roi refusa résolûment une telle demande, et se tint à cette décision, comme le comte
Benedetti avait derechef et avec plus d'instance re-
produit sa proposition. Néanmoins, après quelques
heures, le comte Benedetti demanda une *troisième*
audience. A une question sur le sujet dont il serait
parlé, il rendit réponse qu'il désirait *revenir* sur ce
qui avait été dit le matin. Le roi refusa une nouvelle
audience *sur ce terrain*, parce qu'il n'avait pas à faire
d'autre réponse que celle déjà donnée ; de plus parce
que désormais toutes les négociations devaient passer
par les ministères. Le comte Benedetti ayant souhaité
de prendre congé du roi à son départ, cela lui fut
accordé, et il le salua à la station le 14, à son passage
pour un voyage à Coblentz. D'après cela, donc, l'ambassadeur a eu trois audiences du roi, qui portèrent

toujours le caractère de conversations privées, car le comte Benedetti ne se conduisit jamais comme un commissaire ou un négociateur.

Nous avons donc ici le propre récit du roi de Prusse sur la fameuse scène que le comte Bismarck dénatura avec un si complet succès dans le télégramme qu'il publia à Berlin le 13 au soir et qu'il distribua gratuitement dans cette fatale nuit parmi une population enflammée. Et c'est en se référant à cet état des faits que le comte Bismarck s'aventure à faire l'épreuve suivante sur la crédulité de l'Angleterre.

« Quoi qu'il en soit, comme personne ne doutait ou ne pouvait douter que *nous* (ces italiques sont de lui) désirions sincèrement la paix, et que peu de jours auparavant, nous ne considérions pas la guerre comme possible, comme tout prétexte pour la guerre manquait, et que même le dernier prétexte, créé d'une manière artificielle et forcée, avait disparu de lui-même, ainsi qu'il avait été imaginé sans notre participation (1); comme en conséquence il n'y avait aucune cause quelconque de guerre, il ne restait plus aux ministres français qu'un moyen de se justifier en apparence devant leur propre peuple, *animé en réalité de dispositions pacifiques et demandant la tranquillité :* c'était de dénaturer et d'inventer des faits, dont la fausseté leur était connue par des documents officiels, de manière à persuader aux deux corps re-

(1) V. page 67.

présentatifs, et par eux au peuple, que la France avait reçu un affront de la Prusse, et à amener ainsi les passions à une explosion par laquelle ils pourraient se présenter eux-mêmes comme emportés.

« Personne ne doutait ou ne pouvait douter que *nous* — (c'est-à-dire le comte Bismarck) — désirions sincèrement la paix. » Ainsi donc, les dispositions pacifiques du comte Bismarck, l'homme « de fer et de sang » doivent être acceptées comme une sorte d'axiome dans le *Credo* politique de l'Europe, — je suppose d'après le principe de *lucus a non lucendo*. Certainement, il est un homme bien digne de pitié, car il a eu cet étrange sort, pendant la plus grande partie de sa carrière politique, d'anéantir par ses actes les pacifiques aspirations de son âme. Jamais, assurément, bonnes intentions ne furent plus cruellement déjouées par la perverse malice de la fortune. « Peu de jours auparavant, le comte Bismarck ne considérait pas la guerre comme possible. » Mais, chose assez curieuse, juste six jours auparavant, le baron Thile, sous-secrétaire d'État dans le ministère du comte Bismarck, « attendait la guerre de jour en jour ». Ainsi le rapportait lord A. Loftus le 12 juillet. Et il ajoutait : « D'autres côtés je suis informé que, dans les cercles officiels, la guerre est considérée comme imminente. » Ce même jour, le gouvernement français, d'après le témoignage de lord Lyons, se félicitait lui-même de la perspective de .

paix due à l'intervention du gouvernement de Sa
Majesté.

Maintenant, considérons le prétendu retrait par
la Prusse de la candidature du prince de Hohenzollern. Dans sa correspondance avec moi dans le
Times, le professeur Max Müller s'est permis l'assertion suivante : — « Scrutator sait quel triomphe
diplomatique la France avait remporté en forçant
le roi de Prusse à faire retirer le prince de Hohenzollern. » Ailleurs, il célèbre avec encore plus
d'emphase le triomphe imaginaire de la diplomatie
française. « Que le roi de Prusse voulût la paix,
dit-il, c'est ce qu'il a prouvé en accordant à la diplomatie française de remporter son triomphe et
en faisant ce que peu de rois auraient fait, c'est-à-
dire en retirant, à l'injonction de la France, la permission qu'il avait précédemment accordée. »
M. Forster a dit exactement la même chose dans
son discours à Bradford le mois dernier. « Nous
avons donné, dit-il, à la Prusse, le conseil d'écarter
la cause de la guerre en écartant le prince de Hohenzollern de la candidature à la couronne d'Espagne. La Prusse a suivi notre conseil. » Cette
appréciation des faits a été répétée par des écrivains et des orateurs innombrables. M. Disraeli en
a fait un point capital de son discours, prononcé le
premier soir de la présente session, et d'autres
membres du parlement ont suivi son exemple. Or, la
simple vérité est que la Prusse n'a jamais retiré,
directement ou indirectement, la candidature du

prince Léopold. Cela est prouvé jusqu'à l'évidence par les documents parlementaires. Mais il n'est pas nécessaire d'étendre nos recherches au delà du memorandum officiel du roi de Prusse que j'ai cité ci-dessus. Le roi y reconnaît qu'il avait péremptoirement refusé d'exercer une pression quelconque sur le prince Léopold. Au contraire, « *Le roi répliqua que le prince était entièrement libre dans ses résolutions.* »

En voilà assez sur le « retrait, devant l'injonction de la France, de la permission que le roi avait originairement accordée ». Non moins dépourvue de fondement est la supposition que « la Prusse avait pris notre avis » lorsque nous recommandions au roi d'associer son nom au retrait de la candidature. La Prusse fut si loin de prendre « notre avis », que le comte Bismarck nous le renvoya avec un message, portant qu'il était trop outrageux pour être même soumis au roi. Il est vrai, sans aucun doute, que le prince de Hohenzollern s'était éventuellement retiré. Mais comment? Le télégramme suivant va l'expliquer.

Madrid, 15 juillet 1870, 2 h. 30 après-midi.

Le président du conseil des ministres a reçu le télégramme suivant du prince de Hohenzollern :

« En vue des complications suscitées par la candidature de mon fils Léopold au trône d'Espagne, et de la pénible situation dans laquelle les derniers événements ont placé le peuple espagnol, situation qui ne

5.

lui laisserait d'autre alternative que d'affirmer sa
propre indépendance, et convaincu comme je le suis
que, dans ces circonstances, ses suffrages ne seraient
ni aussi sincères, ni aussi spontanés que mon fils
avait été amené à l'attendre lorsqu'il a accepté ladite
candidature, je viens la retirer en son nom. »

Signé : Prince DE HOHENZOLLERN.

Maintenant je demande à tout investigateur impartial et sincère s'il considère cette déclaration
comme donnant le moins du monde une satisfaction à la France. Le prince de Hohenzollern retire
la candidature de son fils, non parce qu'elle constituait un grief pour la France, non parce qu'elle
mettait en danger la paix de l'Europe, non parce que
les puissances neutres faisaient des remontrances contre elle, mais simplement et uniquement
parce que toutes les circonstances de l'affaire rendaient très-probable que l'élection au trône d'Espagne « ne serait ni aussi sincère, ni aussi spontanée que mon fils avait été amené à l'attendre
lorsqu'il a accepté ladite candidature ». La satisfaction et les convenances de la famille Hohenzollern constituaient l'*alpha* et l'*oméga* des raisons qui
causaient la retraite du prince Léopold ; et il n'y
avait absolument rien dans le télégramme qui pût
prévenir la reprise de la candidature le lendemain,
pourvu qu'une élection tolérablement satisfaisante
pût être assurée. Supposons que le maréchal Prim
eût télégraphié en réponse que le suffrage du
peuple espagnol serait aussi sincère et aussi spon-

tané que le prince pouvait le désirer, je ne vois aucune garantie quelconque contre le retrait immédiat de la renonciation du prince à sa candidature. La France pouvait difficilement oublier le *penchant* du comte Bismarck à employer des princes marionnettes comme des pions dans un profond jeu politique, dont le but ultérieur était de pousser son ennemi dans un coin et de le faire échec et mat par un soudain *coup de main*. L'apparition du prince d'Augustembourg dans les duchés de l'Elbe, et plus récemment la fuite soudaine d'un autre prince de Hohenzollern vers une principauté orientale, contre le vœu déclaré, mais avec la secrète connivence de la Prusse, étaient encore fraîches dans la mémoire de la France, et n'étaient pas particulièrement propres à la rassurer. En fait, le duc de Gramont s'en référa plus d'une fois à ces exemples comme à une raison pour laquelle le gouvernement français requérait contre le renouvellement de l'intrigue quelque meilleure assurance que le télégramme ambigu du père du prince Léopold. La France, qu'on s'en souvienne, désavouait toute idée de demander au roi de Prusse d'empêcher son parent de renouveler sa candidature espagnole, quoique cela rentrât complétement dans la compétence de la prérogative du roi. Tout ce qu'elle demandait, c'était que le roi refusât sa sanction à un tel renouvellement. Et Sa Majesté refusa nettement de rien faire de ce genre. Il se réservait, disait-il, pleine liberté d'action, dans le cas où le prince Léopold jugerait convenable de changer de résolution.

Mais on me dira peut-être que le roi de Prusse associait actuellement son nom à la retraite du prince Léopold. Ne nous laissons pas tromper par de simples expressions. Ce fut la recommandation d'agir ainsi, faite dans les termes les plus doux, que le comte Bismarck ressentit si vivement qu'il brava le déplaisir de l'Angleterre plutôt que de soumettre ses suggestions à l'examen de son royal maître. Nous savons, à la vérité, d'après la propre autorité du roi, que « Sa Majesté approuva la renonciation du prince Léopold dans le même sens et dans les mêmes limites que Sa Majesté avait précédemment approuvé l'acceptation de cette candidature ». Que vaut cet acquiescement si soigneusement restreint? Traduit dans le langage ordinaire de la vie commune, il revient à ceci :

« MON CHER COUSIN, — Vous êtes devenu candidat au trône d'Espagne avec mon plein consentement. J'ai été fortement pressé par la France, et aussi par toutes les grandes puissances, de vous ordonner, ou du moins de vous « conseiller » d'abandonner votre candidature. Mais je leur ai dit, à chacune et à toutes, que je n'entendais en rien faire, et que je vous laissais «libre dans vos résolutions ». Cependant maintenant, j'apprends par les journaux que, de votre propre mouvement, et sans aucune insinuation de ma part,

vous avez retiré votre candidature, parce que vous
ne pensiez pas qu'elle dût réussir. Loin de mon
royal cœur soit la pensée de vous conseiller de
persévérer dans une poursuite qui pourrait vous
conduire à un ignominieux échec, et conséquem-
ment jeter un fâcheux discrédit sur la maison de
Hohenzollern. Je n'ai donc pas d'objection contre
la décision que le changement survenu dans l'aspect des affaires vous a imposée. Soyez néanmoins
assuré que je me réserve pleine liberté d'action,
laissant la France protester et l'Angleterre conseiller comme elles l'entendront ; et que si vous aper-
cevez un moyen de renouveler votre candidature,
vous pouvez compter sur le renouvellement immédiat de ma sanction. »

Il y a dans l'affaire un autre élément important
qui n'a pas obtenu l'attention qu'il mérite. Plus
d'un an avant que la candidature du prince Léopold fût publiquement annoncée, la France savait, ou avait de bonnes raisons de soupçonner
que quelque chose de ce genre était en cours de
gestation dans la cervelle du comte Bismarck.
Cela est évident d'après la dépêche suivante :

Berlin, 31 mars 1869.

M. LE MARQUIS, — Votre Excellence m'a prescrit
hier, par le télégraphe, de m'assurer si la candidature
du prince de Hohenzollern au trône d'Espagne avait
un caractère sérieux. J'ai eu occasion ce matin de
voir M. de Thile, et je lui ai demandé si je devais at-

tacher quelque importance aux rumeurs en circula-
tion à ce sujet. Je ne lui ai pas caché que j'étais désireux d'être exactement informé, remarquant qu'une
telle éventualité intéressait trop directement le gouvernement de l'Empereur pour que je ne fusse pas
obligé par mon devoir à signaler le danger, s'il existait quelque raison de croire que ce projet pût être
réalisé. Je lui fis connaître que j'avais l'intention de
vous communiquer notre conversation.

M. de Thile me donna la plus formelle assurance
qu'il n'avait à aucun moment été informé d'une indi-
cation quelconque de nature à autoriser une telle con-
jecture, et que le ministre d'Espagne à Vienne, pendant le séjour qu'il avait fait à Berlin, n'avait pas
même fait la moindre allusion à cet objet. Le sous-
secrétaire d'État, en s'exprimant ainsi, et sans que
rien de ce que j'avais dit fût de nature à lui suggérer
une telle manifestation, se crut appelé à engager sa
parole d'honneur.

Suivant lui, M. Rancès s'était borné à parler au
comte Bismarck (qui peut-être était désireux de prendre avantage du passage de ce diplomate pour obtenir quelques informations sur l'état des choses en
Espagne) de la marche que suivaient les affaires en ce
qui concernait le choix du futur souverain.

Voilà en substance ce que M. de Thile m'a exposé,
répétant plusieurs fois sa première déclaration, qu'il
n'était pas et qu'il ne pouvait pas être question du
prince de Hohenzollern pour la couronne d'Espagne.

Agréez, etc.

Signé : BENEDETTI.

Cette dépêche fut publiée par le gouvernement français pendant la dernière semaine de juillet, l'année dernière (1870), et elle reçoit une remarquable confirmation du passage suivant d'un discours prononcé par le comte Bismarck dans une séance extraordinaire du Reichstag le 16 du même mois :

« D'après les communications faites aux Cortès par le président du conseil espagnol le 11 juin, d'après la dépêche publiée du ministre espagnol des affaires étrangères du 7 courant, et d'après une déclaration faite par M. Salazar, à Madrid, le 8, il est devenu public que le gouvernement espagnol a pendant des mois suivi des négociations avec le prince Léopold de Hohenzollern, relativement à son acceptation de la couronne d'Espagne; que ces négociations ont été conduites directement par M. Salazar et par le prince et son père, sans la participation d'aucun autre gouvernement, et que le prince accepta la candidature. Le roi de Prusse, lorsqu'il en fut informé, ne jugea pas nécessaire de s'opposer à une décision prise par un prince pleinement majeur d'âge et avec l'approbation de son père. Le ministère des affaires étrangères de la confédération de l'Allemagne du Nord et le gouvernement prussien ont été l'un et l'autre étrangers à ces transactions. Leur premier avis de la décision du ministère espagnol d'offrir la couronne au prince vint de Paris, par un télégramme du 3 courant au soir. »

Quelqu'un peut-il douter, après avoir comparé

ces deux exposés, que tout l'ensemble de l'affaire doit à la fois son commencement et ses développements au comte Bismarck? Il avait «fortuitement» parlé de ce sujet à un agent de Prim (M. Rancès), au commencement de 1869. Mais « le ministère des affaires étrangères de la Confédération de l'Allemagne du Nord et le gouvernement prussien étaient étrangers à ces transactions ». — J'ai déjà fait une remarque sur cette futile distinction entre le comte Bismarck d'un côté et le gouvernement prussien et le ministère des affaires étrangères de la Confédération de l'Allemagne du Nord de l'autre côté. Elle est absolument méprisable et appartient à la plus basse espèce de chicane politique. Le gouvernement prussien, c'était simplement le comte Bismarck, et le ministère des affaires étrangères de la Confédération de l'Allemagne du Nord, c'était encore simplement le comte Bismarck; et le résultat de toute l'affaire, c'est que l'intrigue Hohenzollern a été combinée et mûrie par le gouvernement prussien avec la pleine perception des désastreuses conséquences qui devaient s'ensuivre. Néanmoins, le baron Thile, le sous-secrétaire d'Etat des affaires étrangères, pouvait donner à l'ambassadeur français « la plus formelle assurance » qu'il n'y avait aucune vérité dans les rumeurs qui couraient parmi la société de Berlin, relativement à la candidature du prince de Hohenzollern. Il n'avait même aucune difficulté à engager sa parole d'honneur à cet effet.

En présence de pareils faits, est-il si surprenant que la France n'ait pas été complétement satisfaite du maigre télégramme par lequel le prince de Hohenzollern retirait, au nom de son fils, sa candidature au trône d'Espagne? En prononçant un jugement sur la France dans cette affaire, nous sommes obligés de choisir entre les deux termes de cette alternative : — Ou bien nous devons dire que la France avait entièrement tort depuis le commencement jusqu'à la fin, et n'avait à se plaindre d'aucun grief; ou bien, admettant la réalité du grief, nous sommes obligés, avant de rendre la France responsable de la guerre, de montrer qu'il avait été écarté. Il n'est pas nécessaire de se mettre en frais d'arguments contre la première alternative, car toutes les puissances neutres, et en première ligne l'opinion publique de l'Angleterre, ont admis que l'intrigue prusso-espagnole constituait un légitime grief pour la France. Ce grief avait-il été écarté? Jamais. Je ne nie pas que l'énergique action de notre propre gouvernement n'ait obtenu du succès dans une certaine mesure, ou qu'elle n'ait réellement contribué à l'abandon de la candidature Hohenzollern. Mais le théâtre de notre succès diplomatique a été Madrid et non Berlin. La pression que notre gouvernement, de concert avec ceux des autres puissances neutres, parvint à exercer sur les conseils du gouvernement espagnol, amena ce dernier à décourager les prétentions du prince Léopold, et de là provint sa renonciation à la candidature (1). Mais la France n'avait aucune sauvegarde quelconque contre le renouvellement du complot, aussitôt qu'il conviendrait aux plans du comte Bismarck et du maréchal Prim de rouvrir les négociations. Cependant l'attitude du gouvernement français devint plus pacifique après la renonciation à la candidature Hohenzollern. Il sollicitait les bons offices du gouvernement anglais et s'engageait à considérer l'affaire comme ter-

---

(1) La dépêche suivante semble corroborer cette appréciation:

Le comte Granville à lord Lyons.

Foreign office, le 10 juillet 1870.

MYLORD, — Dans une entrevue que j'ai eue aujourd'hui avec l'ambassadeur français, je l'ai informé confidentiellement que j'avais appris de M. Layard que le maréchal Prim, quoique sans se commettre personnellement, était en communication avec M. Layard pour chercher quelque moyen d'arranger la question de la succession espagnole sans porter aucune atteinte à l'honneur de l'Espagne.

Le gouvernement de Sa Majesté est pleinement persuadé que le gouvernement impérial n'a aucun désir de guerre, mais ne se propose de recourir à cette extrémité que dans la vue de prévenir la réalisation d'une éventualité qu'il considère comme devant affecter l'honneur et les intérêts de la France. Et en faisant part de cette conviction au marquis de Lavalette, j'ai ajouté que les nouvelles de Madrid, dont je venais de lui faire part, me semblaient apporter de fortes raisons additionnelles pour éviter toute action précipitée dans la question en litige.

Je suis, etc.

Signé : GRANVILLE.

minée, pourvu que le roi de Prusse fît une légère concession que notre gouvernement avait entrepris de lui recommander. Le nuage de la guerre semblait se dissiper et les poitrines recommençaient à respirer librement, lorsque le comte Bismarck, soudainement et pour la première fois dans le cours de la négociation, apparut sur la scène, et lançant tranquillement une étincelle dans une atmosphère chargée de matériaux combustibles, causa une soudaine explosion, qui a déjà inondé de sang quelques-unes des plus belles parties de l'Europe, et dont les plus sages d'entre nous ne peuvent prévoir les conséquences.

Je crois maintenant pouvoir me risquer à affirmer que les faits que j'ai cités comme preuve mettent hors de doute la responsabilité du comte Bismarck dans la guerre franco-allemande. Mais voici une pièce de conviction additionnelle, qui, dans mon humble jugement, s'élève comme un témoignage décisif de la culpabilité de la Prusse. Je la trouve dans le passage suivant, que j'extrais d'un des papiers d'Etat publiés par le gouvernement français. Je n'ai pas connaissance que les faits qu'il rapporte aient jamais été contestés :

« Loin de chercher la guerre, comme nous sommes accusés de le faire, nous avons prié lord Clarendon de s'interposer auprès du cabinet prussien en vue d'un mutuel désarmement, importante mission que lord Clarendon, par amitié envers la France et par dévouement à la cause de la paix, consentit confidentiellement à entreprendre. Ce fut dans les termes suivants que le comte Daru, dans une lettre du 1er février, expliqua au marquis de Lavalette, notre ambassadeur à Londres, les intentions du gouvernement.

« Il est certain que je ne me mêlerais pas de cette affaire, et que je ne demanderais pas à l'Angleterre d'y intervenir s'il s'agissait simplement d'une question de nature ordinaire et de pure forme, destinée seulement à procurer à M. de Bismarck une occasion de répéter une fois de plus son refus. C'est une proposition réelle, sérieuse et positive que l'on cherche à faire aboutir.

« Le principal secrétaire d'Etat paraît prévoir que M. de Bismarck manifestera d'abord du mécontentement et du déplaisir. Cela est possible, mais non certain. Avec cette possibilité en perspective, il serait bien de préparer le terrain de manière à éviter une réponse négative dès le début.

« Je suis convaincu que le temps et la réflexion amèneront le chancelier à prendre en sérieuse considération la proposition de l'Angleterre. Si d'abord il ne rejette pas toute ouverture, alors les intérêts de la Prusse et de l'Allemagne entière parleront bientôt assez haut pour l'amener à modifier son opposition. Il ne voudra pas soulever contre lui l'opinion de son pays tout entier. Quelle serait, en vérité, sa situation, si nous faisions disparaître le seul prétexte sur lequel il s'appuie, savoir, l'armement de la France ? »

Le comte Bismarck répondit d'abord qu'il ne pouvait prendre sur lui de soumettre au roi les suggestions du gouvernement anglais, et qu'il était assez au courant des vues de son souverain pour prédire sa décision. Le roi Guillaume, dit-il, verrait certainement dans la proposition du cabinet de Londres l'indice d'un changement dans les dispositions de l'Angleterre envers la Prusse. En résumé, le chancelier prussien déclara qu'il était impossible à la Prusse de modifier un système militaire qui était si intimement lié avec les traditions du pays, qui formait une des bases de sa constitution, et qui n'était en aucune façon anormal.

Le comte Daru ne se tint pas pour battu par cette première réponse. Le 13 février, il écrivit à M. de Lavalette :

« J'espère que lord Clarendon ne se considérera pas comme battu ni découragé. Nous lui fournirons prochainement une occasion pour retourner à la charge, si cela peut lui être agréable, et pour reprendre les communications interrompues avec le chancelier fédéral. Notre intention est, en fait, de diminuer notre contingent. Nous l'aurions largement réduit, si nous avions reçu une réponse favorable du chancelier fédéral. Nous ferons une plus faible réduction, puisque sa réponse est négative; mais nous en ferons une. La réduction sera, je l'espère, de dix mille hommes. C'est le nombre que je compte proposer.

« Nous affirmerons par des actes, qui ont plus de valeur que des paroles, nos intentions, notre politique. Neuf contingents réduits chacun de 10,000 hommes, font une réduction totale de 90,000 hommes. C'est déjà quelque chose, c'est la dixième partie de l'armée existante. La loi du contingent sera proposée prochainement. Lord Clarendon jugera alors s'il sera convenable de représenter à M. de Bismarck que le gouvernement prussien, seul en Europe, ne fait aucune concession à l'esprit de paix, et qu'il se place ainsi

dans une grave situation au milieu des autres sociétés
européennes, parce qu'il fournit des armes contre lui-
même au monde entier, y compris ses propres populations, qui sont écrasées sous le poids des charges
militaires qu'il leur impose. »

Le comte Bismarck, serré de près, sentit la nécessité d'entrer dans quelques nouvelles explications
avec lord Clarendon.

Ces explications, autant que nous en ayons connaissance par une lettre de M. de Lavalette, datée du 23
février, furent pleines de réticences. Le chancelier de la
confédération prussienne, se départant de sa première
résolution, avait informé le roi Guillaume de la proposition recommandée par l'Angleterre ; mais Sa Majesté l'avait déclinée. Comme justification de ce refus,
le chancelier invoqua la crainte d'une alliance possible entre l'Autriche et les Etats du Sud, et les desseins ambitieux qui pouvaient être entretenus par la
France. Mais au premier plan, il plaça spécialement
les inquiétudes que lui inspirait la politique de la
Russie, et à ce sujet, il se livra à des remarques particulières relativement à la cour de Saint-Péters-
bourg, que je préfère passer sous silence, ne désirant
pas reproduire des insinuations injurieuses.

Tels furent les motifs de refus que le comte Bismarck opposa aux loyales et consciencieuses instances
plusieurs fois renouvelées par lord Clarendon, à la
demande du gouvernement de l'Empereur.

Si donc l'Europe est restée en armes, si un million
d'hommes sont sur le point d'être lancés les uns contre les autres sur le champ de bataille, on ne peut
contester que la responsabilité d'un tel état de choses
n'incombe à la Prusse, car c'est elle qui a répudié toute

idée de désarmement, tandis que nous, non-seulement nous en avons mis en avant la proposition, mais encore nous avons commencé par donner l'exemple.

Cette conduite ne s'explique-t-elle pas par ce fait que, dans le temps même où la France confiante réduisait son contingent, le cabinet de Berlin intriguait dans l'ombre pour la provoquante nomination d'un prince prussien ? »

Je ne suis pas un apologiste du gouvernement impérial de France. Il est tombé, et c'est, j'en ai la confiance, pour ne jamais se relever. Mais je me crois obligé d'exprimer mon honnête opinion que justice ne lui a pas été rendue en ce qui concerne les négociations qui ont précédé la guerre. Qu'il ait absolument mal conduit sa diplomatie, qu'il ait donné maladroitement dans le jeu du comte Bismark, cela n'est que trop vrai; mais je ne crois pas que le gouvernement francais ait eu en vue ou désiré la guerre lorsque le complot Hohenzollern fut découvert; et je ne vois aucune raison pour douter de la sincérité de son mouvement en faveur d'un désarmement. C'est la Prusse et non la France qui a voulu la tempête; c'est la Prusse et non la France qui a fait tous ses efforts pour qu'elle ne pût être calmée sans guerre. La Prusse savait, comme le comte Bismarck l'a exprimé, qu'elle était « pleinement en état de se mesurer avec la France ». Elle savait qu'elle était prête et que la France ne l'était pas, et Bismarck vit dans une guerre heureuse contre la France et dans la prise de deux forteresses françaises le plus sûr moyen d'établir

un empire allemand sous la domination militaire
de la Prusse. En fait, le roi de Prusse reconnut
incidemment, avant la déclaration de guerre formelle, que c'était lui qui avait réellement donné
le signal des hostilités. Dans une réponse à une
adresse de la Chambre de commerce de Hambourg,
il prononça ces remarquables paroles : « Personne
ne sait mieux que moi, *qui ai eu à dire le mot décisif*, quels sacrifices seront bientôt réclamés de la
patrie entière. »

C'est assurément une preuve signalée de l'extraordinaire habileté politique du comte Bismarck
que, avec tous les faits si manifestement contre lui,
il ait su les manipuler de manière à déposter la
France du terrain avantageux qu'elle occupait et la
réduire à la défensive à la barre de l'Europe. La
France a été surprise diplomatiquement, aussi
bien que dans le sens militaire. Ses hommes
d'Etat ont été aussi incapables que ses généraux.
Le comte Bismarck avait arrêté ses plans d'opéra-
tion des mois à l'avance, ainsi qu'il l'a reconnu,
et il savait « que la Prusse était pleinement en état
de se mesurer avec la France » dans l'art de la diplomatie aussi bien que dans la guerre. C'était une
répétition de la même tactique qui avait renversé
l'Autriche dans une campagne de quinze jours.
Dans les deux cas, le comte Bismarck se fiait à une
politique où il faisait alterner d'audacieuses bra-
vades et des stratagèmes clandestins. Dans les deux
cas il réussit à amener son ennemi à se compro-

mettre en secret, et quand le moment fut arrivé il
révéla le secret à l'univers. Quelques écrivains allemands semblent s'imaginer que le comte Bismarck a imposé à l'Angleterre une dette d'éter-
nelle gratitude par la publication du traité secret
comploté entre lui-même et M. Benedetti. Je ne
parviens pas à comprendre cette obligation. Chaque
gouvernement a ouvertement accusé l'autre d'a-
voir été le premier à suggérer les dispositions de
ce scandaleux document, et je ne vois pas que les
antécédents du comte Bismarck soient tels qu'ils
lui donnent droit à notre confiance exclusive. Ce
peut être une faiblesse de ma part, mais je ne
puis m'empêcher de faire des comparaisons entre
quelques coïncidences remarquables dans la carrière politique du comte Bismarck. Je me rappelle une certaine dépêche secrète que le comte
Bismarck réussit à soutirer du comte Mensdorff,
le ministre autrichien, à la fin de 1864, pendant
que la querelle entre les deux puissances allemandes était en train de couver. Le ministre autrichien avait protesté contre la possession des duchés de l'Elbe par la Prusse. Mais l'homme d'Etat
prussien est toujours prêt en pareille occasion à
offrir franchement de partager les dépouilles. L'Autriche, malheureusement, n'était pas au-dessus de
la tentation de mordre à l'appât. Dans une dépêche
confidentielle du 21 décembre 1864, le comte
Mensdorff se mit lui-même à la merci de son adversaire par ces deux phrases inconsidérées : —

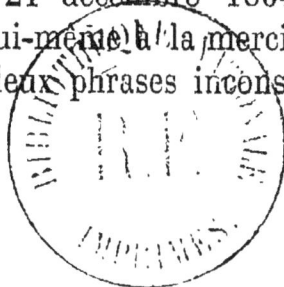

6

« L'Autriche ne consentirait à l'incorporation des
duchés à la Prusse que si une augmentation équivalente de son propre territoire germanique lui
était garantie. Le sang autrichien n'a pas été versé
dans le but de troubler la balance du pouvoir entre
les deux grands Etats allemands par un agrandissement d'un seul côté. » — Le jeu était alors dans
les mains du comte Bismarck. La dépêche autri-
chienne trouva sa route, personne ne peut dire
comment, jusqu'aux colonnes de la *Presse* de
Vienne, et fut de là transmise à toute l'Allemagne.
Les soupçons des Etats secondaires furent immédiatement éveillés, et quelques-uns d'entre eux
demandèrent au comte Mensdorff de déclarer
quelle portion du territoire germanique l'Autriche
avait en vue d'annexer. Le résultat fut que
l'Autriche ne put plus désormais compter sur l'u-
nion et l'appui de ses alliés habituels dans la confédération. Ils se défièrent d'elle, et commencèrent
à agir d'une manière indépendante. C'était là précisément ce que désirait le comte Bismarck. Il di-
visa ainsi ses ennemis, et les battit alors aisément
en détail. Et il obtint ce résultat par la publication
subreptice d'une dépêche confidentielle.

Je dis donc que je ne ressens aucune gratitude
quelconque envers M. de Bismarck à raison de sa
participation dans le fameux projet de traité. Qu'il
ait joué M. Benedetti et l'empereur Napoléon, cela
est hors de question ; mais je ne vois aucune raison de douter que l'extrait suivant de l'un des pa-

piers d'Etat français publiés en août dernier (1870)
ne soit vrai en substance, sauf la dernière phrase :

« Ce fut à Berlin que M. de Bismarck, mettant en
avant des idées dont il cherche maintenant à nous im-
puter la première conception, sollicita en ces termes
le prince français que, en dépit de toutes les règles
ordinaires, il prétend maintenant entraîner dans la
controverse.

« Vous désirez, dit-il, une chose impossible. Vous
souhaitez prendre les provinces rhénanes, qui sont
allemandes. Pourquoi n'annexez-vous pas la Belgique, dont le peuple a la même origine, la même re-
ligion et la même langue que vous ? Je l'ai déjà fait
suggérer à l'Empereur. S'il entrait dans mes vues,
nous l'aiderions à prendre la Belgique. Quant à moi,
si j'étais le maître, et si je n'étais pas entravé par
l'obstination du roi, ce serait déjà fait.

« Ces paroles du chancelier prussien ont été, pour
ainsi dire, littéralement répétées à la cour de France
par le comte de Goltz. Cet ambassadeur était si peu
réservé sur ce sujet, qu'il y a plusieurs témoins qui
l'ont entendu s'exprimer ainsi. J'ajouterai qu'à l'époque
de l'Exposition universelle, les ouvertures de la Prusse
étaient connues de plusieurs hauts personnages, qui
en prirent note et s'en souviennent encore. De plus,
ce n'était pas une simple conception passagère de la
part du comte Bismarck, mais un plan véritablement
concerté avec lequel ses ambitieux desseins étaient
liés, et il poursuivit ses tentatives pour le réaliser
avec une persévérance qui est amplement attestée par
ses excursions répétées en France, à Biarritz et ailleurs. Il échoua devant l'immuable volonté de l'Em-

pereur, qui refusa toujours de s'unir à une politique
qui était indigne de sa loyauté. »

J'avoue que je suis incrédule quant à « l'immuable volonté de l'Empereur » ; mais je ne vois
rien dans le caractère ou la carrière du comte Bismarck qui m'oblige à suspecter le reste du passage. La seule chose dont l'Angleterre ait une
connaissance certaine, c'est que deux gouvernements qui étaient ostensiblement ses alliés, com-
plotaient en secret contre elle. Cela ne me semble
pas être pour elle un bien puissant motif d'éter-
nelle gratitude envers l'un ni l'autre.

Je crois que je puis maintenant me risquer à
affirmer que j'ai établi les points suivants :

1° Que la candidature Hohenzollern constituait
un légitime grief pour la France, et fut reconnue
comme telle par les puissances neutres ;

2° Que le gouvernement français, en dépit de
quelques indiscrétions dont le comte Bismarck se
servit adroitement contre lui, désirait réellement
une solution pacifique de la querelle ;

3° Que le comte Bismarck avait conduit l'intrigue Hohenzollern avec les yeux largement ouverts sur toutes les conséquences qui devaient
s'ensuivre ;

4° Que la Prusse n'a jamais retiré, directement
ou indirectement, la candidature du prince héréditaire de Hohenzollern, et que le retrait éventuel
de la candidature du prince fut fait de manière à

laisser le grief de la France précisément tel qu'il était au commencement de la querelle ;

5° Que néanmoins la France cherchait toujours une solution pacifique, et sollicitait les bons offices de l'Angleterre pour cet objet ;

6° Que le comte Bismarck rejeta rudement la médiation de l'Angleterre, et précipita la guerre par l'invention gratuite et la publication d'un *esclandre* imaginaire à Ems entre le roi de Prusse et l'ambassadeur français ;

7° Que l'intention délibérée de la Prusse de provoquer une guerre avec la France est prouvée par d'autres circonstances, et particulièrement par le rejet de la part du comte Bismarck des offres répétées faites par la France de s'unir dans une politique de mutuel désarmement.

Si ces assertions sont admises, et je crois qu'elles sont susceptibles d'être établies par des documents tout à fait probants, il s'ensuit naturellement que l'Allemagne n'a pas le droit d'infliger à la France la punition d'une guerre non provoquée, vu que la guerre a été en réalité provoquée par la Prusse.

Mais pourquoi la Prusse aurait-elle désiré une guerre avec la France? On nous a souvent dit, dans ces derniers temps, et cela est probablement vrai, que la Prusse n'avait jamais pardonné à la France l'humiliation qu'elle avait subie sous la main de Napoléon Ier, et n'avait jamais abandonné l'espérance d'une revanche finale. Il est aussi cer-

6.

tain que, depuis Sadowa, l'armée prussienne aspi-
rait à une occasion de mesurer sa force avec celle
de la France. Cette campagne révéla la perfection
de l'organisation militaire et la splendeur de la
stratégie prussienne à la Prusse elle-même, aussi
bien qu'au reste du monde, et le professeur Max
Müller reconnaît dans ses lettres au *Times* que
« tout général prussien était dès lors pour la
guerre contre la France ». C'est encore un fait non
douteux que l'Allemagne n'avait jamais abandonné
l'espérance d'arracher quelque jour à la France
les deux provinces d'Alsace et de Lorraine.

Tout cela est vrai. Cependant je rendrai au
comte Bismarck la justice d'exprimer ma croyance
que ces considérations, soit isolées, soit réunies,
ne l'auraient pas induit à engager la guerre contre
la France. Le comte Bismarck est par-dessus tout
un homme d'État pratique, et ce n'est pas la pure
gloire de la victoire dans la guerre, encore moins
aucune aspiration sentimentale envers l'Alsace et
la Lorraine qui l'ont poussé à provoquer une
querelle avec la France. Ses motifs étaient d'une
nature plus mondaine et plus prosaïque. Il a fait
la guerre à la France, parce qu'il craignait l'Allemagne. Ceci peut sembler un paradoxe, mais c'est
seulement l'expression paradoxale d'une incontes-
table vérité. Quelques mots suffiront pour expliquer ceci.

La gravitation vers la suprématie de la monarchie réactionnaire de Prusse, qui se généralisa

en Allemagne après la campagne d'Autriche
de 1866, a eu pour effet de faire oublier à beaucoup de gens qu'aucun pays en Europe n'est plus
libéral que l'Allemagne, dans les aspirations de
ses classes moyennes. La Prusse ne fait pas exception à cette observation. Cela s'est montré dans le
mouvement révolutionnaire qui ébranla tous les
trônes en 1848. Tout le royaume des hobereaux
s'écroula comme un château de cartes devant
l'explosion du peuple allemand, et le roi de Prusse
se hâta de sauver sa couronne par une prompte
capitulation. Le 18 mars de cette année, la population de Berlin en vint aux coups avec les troupes,
et celles-ci furent repoussées après un terrible
conflit. Lorsque le monarque régnant, frère du roi
actuel, vit la sérieuse tournure que les affaires
avaient prise, il chercha par des concessions tem-
poraires à calmer son peuple enflammé. Il pro-
clama dans les rues de sa capitale, que « désormais
la Prusse était fondue dans l'Allemagne ». Cela
apaisa le peuple, qui se réunit en foule pour exprimer sa joie. Mais sa satisfaction était destinée à être
de courte durée. Vingt mille soldats furent canton-
nés dans Berlin sous le commandement du roi actuel, alors gouverneur de Poméranie; et tandis
que les citoyens désarmés donnaient une expression quelque peu tumultueuse, mais non désor-
donnée, à leurs sentiments joyeux, ils furent soudainement chargés par la cavalerie et fusillés par
l'infanterie. Un grand nombre furent tués, et le

prince royal (telle était alors sa dignité) devint
l'objet des soupçons de la multitude. Il était le chef
reconnu du parti rétrograde, et c'était peut-être là
la seule base des soupçons populaires. Néanmoins
le résultat fut qu'il se vit obligé de quitter le pays
pendant une saison ; et il fut un des nombreux ré-
fugiés qui jouirent à cette époque de l'hospitalité
de l'Angleterre.

Les événements de ce temps agité firent une
profonde impression sur le comte Bismarck. Il
avait alors environ trente-six ans, et ses sentiments sont ainsi décrits par son verbeux biographe
de la collection Boswellienne, Herr Hesekiel :
« Il vit renversés et détruits les remparts et les
digues qu'il avait tenus pour inattaquables ; il palpita
d'une ardeur patriotique et d'un chagrin viril,
mais il ne perdit ni son courage ni sa clairvoyance,
comme un vrai constructeur de digues qu'il était.
Jusque-là sa fonction avait consisté à proté-
ger les digues de l'Elbe contre les assauts de
l'inondation, et par une remarquable analogie, ce
fut aussi son devoir de combattre les assauts de la
révolution. Il passa comme dans un rêve fiévreux
à travers les rues de la capitale de son roi, rem-
plies de figures menaçantes. Il vit des drapeaux
déployés et des couleurs flottantes au vent qui lui
étaient inconnues : des étendards polonais, des
pavillons tricolores, noir rouge et or, mais nulle
part l'ancien drapeau respecté de la Prusse. » Le
comte Bismarck était à cette époque membre de la

chambre prussienne des représentants, et cette
chambre vota en décembre 1848 une constitution
libérale, qui reçut la sanction royale, en dépit de
l'énergique opposition du comte. M. de Bismarck
fut aussi élu au nouveau Parlement, et s'opposa de
toutes ses forces au vote de la seconde chambre
adoptant la constitution impériale de Francfort.
Cependant le roi repoussa l'offre qui lui fut faite
alors de la couronne impériale de l'Allemagne unie,
parce que cette offre venait du peuple et non des
princes et des nobles. Le passage suivant d'un des
discours prononcés par le député Bismarck à cette
occasion, exprime dans un langage assez franc son
opinion au sujet d'une union de l'Allemagne fondée sur des principes libéraux et constitutionnels.

« L'armée, dit-il, n'a pas d'enthousiasme pour le
drapeau tricolore. En elle, pas plus que dans le reste
du peuple, on ne trouve le désir d'une régénération
nationale. Le nom de la Prusse est pleinement suffisant pour elle. Ses bataillons suivent la bannière blanc
et noir, et non l'étendard tricolore. Sous les couleurs
blanc et noir, elle meurt joyeusement pour son pays...
Les accents de l'hymne national prussien, les accords
de la marche de Dessau et de Hohenfriedberg sont
bien connus et chéris parmi eux. Mais je n'ai jamais
entendu un soldat prussien chanter : « Quelle est la
patrie allemande ? » La nation dont l'armée est sortie, *et
dont l'armée est le véritable représentant...* n'a pas besoin
de voir la monarchie prussienne *se fondre avec l'impur
ferment de l'immoralité de l'Allemagne du Sud. Nous*

sommes Prussiens, et Prussiens nous resterons. Je sais
que dans ces paroles j'exprime la croyance de l'armée allemande, la croyance de la majorité de mes
braves compatriotes, *et je me fie à Dieu pour espérer
que nous continuerons d'être Prussiens, alors que ce mor-
ceau de papier* (la nouvelle constitution) *sera oublié
comme les feuilles flétries de l'automne.* »

En conséquence, lorsque le présent roi de Prusse
monta sur le trône et fit le comte Bismarck son
premier ministre, ce dernier se mit aussitôt à
réorganiser l'armée. Et lorsque la majorité libérale du Parlement refusa de voter ses budgets militaires, il passa par-dessus sa tête, en violation de la constitution, mais avec la sanction
du roi. Cela continua ainsi jusqu'à ce que
l'asservissement de la chambre des représentants
prussiens fût oublié dans l'éclat des victoires prus-
siennes sur le Danemark et l'Autriche. Néanmoins le libéralisme allemand recommençait à le-
ver la tête, lorsque la guerre avec la France
vint opportunément pour réprimer son énergie
naissante.

Et maintenant je crois avoir expliqué le sens de
mon paradoxe : Que le comte Bismarck a fait la
guerre à la France, parce qu'il craignait l'Allemagne. Il connaît bien ses compatriotes, leur opi-
niâtreté de résolution et leur dévouement fana-
tique à toute idée qui a une fois pris pied dans
leur imagination. Il reconnut qu'il ne pouvait résister avec succès aux aspirations allemandes vers

une patrie unifiée ; mais il n'avait pas oublié qu'un roi prussien avait proclamé, vingt ans auparavant, dans les rues de la capitale, que « désormais la Prusse était fondue dans l'Allemagne ». Et M. de Bismarck était déterminé à empêcher cette fusion, s'il en trouvait la possibilité. L'unité de l'Allemagne devait certainement s'accomplir tôt ou tard. Les événements de 1848 avaient imposé cette conviction à l'esprit du comte Bismarck. Il vit qu'une autre commotion européenne pourrait avoir l'effet de placer la couronne impériale d'Allemagne sur la tête d'un prince non prussien, et il reconnut qu'il serait sage de devancer ce qui ne pourrait être empêché. Il fallait d'abord chasser l'Autriche de l'Allemagne, et établir ainsi en toute sûreté la suprématie de la Prusse.

Mais alors même le spectre de « la Prusse fondue dans l'Allemagne » hantait encore l'imagination du comte Bismarck. La Prusse était suffisamment à l'abri de tout retour d'une révolution telle que celle qui menaça de la dissoudre en 1848. Mais il y avait à redouter la probabilité d'une autre révolution que le comte Bismarck ne croyait pas moins dangereuse pour ce règne des hobereaux (*Junkerisme*) dont il s'était déclaré fier de porter le drapeau : la révolution silencieuse qui s'opère continuellement contre le despotisme de tout genre par l'action lente, mais certaine, des idées libérales. Si l'on permettait à l'Allemagne de compléter son unité par le progrès ordinaire du développement national, les destinées du *Junkerisme* étaient fixées. Le militarisme de la Prusse devait inévitablement périr dans le constitutionnalisme d'un empire allemand libéral, et la Prusse finirait, après tout, par être « fondue dans l'Allemagne ». Mais la devise du comte Bismarck est : « Nous sommes Prussiens, et Prussiens nous resterons ».

Comment cela pouvait-il être réalisé ? En premier lieu, l'unité allemande devait être incontestablement établie par l'épée de la Prusse. En second lieu, la Prusse devait avoir une excuse permanente pour maintenir sa suprématie militaire et étouffer les aspirations libérales de l'empire allemand. La première partie du programme a été accomplie. Le roi Guillaume a accepté la couronne impériale des mains de ses princes et de ses nobles comme la récompense de la victoire. La seconde partie est maintenant en cours d'accomplissement. Lorsque la paix aura été rétablie et que le peuple allemand aura, dans une disposition plus froide, commencé à comparer ses gains et ses pertes, il y aura une inévitable réaction contre le système militaire prussien. Même avant la dernière guerre, cette réaction avait commencé. On sentait que l'éducation de la population civile était sérieusement interrompue par le service obligatoire de toute la population mâle, et toutes les occupations industrieuses du pays en souffraient à divers degrés. Lorsque l'excitation de la guerre sera tombée, ces considérations reprendront toute leur force.

Le comte Bismarck avait prévu ce danger et s'est résolûment préparé à l'affronter. Il s'est décidé à saisir une portion du territoire français, non pas dans le but d'acquérir une sûre frontière contre la France, mais pour avoir un irrésistible argument contre le libéralisme naissant de l'Allemagne. L'annexion de l'Alsace et de la Lorraine ne sera jamais pardonnée par la France; et c'est la véritable raison pour laquelle le comte Bismarck l'exige avec insistance. Il prétend tenir la menace des vengeances françaises suspendue comme un objet de terreur sur les libéraux de l'empire allemand. Privée de ses provinces, la France guettera toutes les occasions de les recouvrer, et, comme précaution contre ce danger, le junkerisme devra être maintenu. En un mot, la France doit être dépouillée, afin que la Prusse ne soit pas « fondue dans l'Allemagne ». Ainsi, le cheval allemand (comme celui de la fable) s'apercevra, mais trop tard, qu'il s'est rendu l'esclave de l'homme, lorsqu'il l'a convié à monter sur son dos pour combattre le cerf.

Il n'est pas encore trop tard pour que l'Allemagne pèse ces considérations; mais il peut être trop tard dans une semaine d'ici (1). L'Alsace et la Lorraine une fois devenues siennes par le traité de paix, son honneur est irrévocablement engagé à en défendre la possession contre la possibilité d'une at-

_____

(1) L'auteur écrivait ce passage au moment où s'engageaient les négociations pour la paix.

7

taque française. Le peuple allemand est-il donc
préparé à échanger ses libertés contre la satisfaction d'une fantaisie sentimentale? Les habitants de
l'Alsace et de la Lorraine devront-ils être condam-
nés à l'esclavage ou à l'expatriation, parce qu'ils
ont appartenu, il y a deux siècles, au défunt empire germanique? Ce serait une singulière manière
de leur prouver combien leurs frères de la patrie
allemande regrettaient d'être séparés d'eux. Non !
non ! cette idée sentimentale ne résiste pas à la réflexion. Elle s'évanouit du moment que vous la
soumettez à l'examen. Le fait que les habitants du
district convoité sont de sang allemand, est une
très-bonne raison pour porter l'Allemagne à consulter leurs vœux ; mais c'est une très-mauvaise
raison pour les traiter comme un troupeau de bé-
tail, ou comme les esclaves d'une plantation cu-
baine. Tous les professeurs de l'Allemagne ne
pourront pas persuader au monde qu'aucun autre
sentiment que la plus brutale soif de conquête ait
pu dicter un procédé aussi inhumain.

Mais, dira-t-on, l'annexion de l'Alsace et de la
Lorraine est nécessaire pour garantir l'Allemagne
contre la passion belliqueuse invétérée de son
voisin gaulois. En accordant, pour la facilité de
l'argumentation, que la France ait été un aussi
mauvais voisin que la représentent les avocats
germaniques, il resterait encore à prouver que
rien autre chose que l'annexion ne pouvait fournir
la sauvegarde que l'Allemagne prétend être néces-

saire à sa sécurité. Le rasement des forteresses de
la frontière procurerait toute la sécurité dont l'Allemagne peut avoir besoin. Ou, si cela n'est pas
suffisant pour calmer ses craintes déraisonnables,
les districts limitrophes pourraient être neutralisés
pour tous les usages militaires. Et si cela n'était
pas assez pour rassurer la patrie allemande (*fatherland*), il y a encore la proposition si modérée
défendue par le comte de Gasparin, en faveur de
l'érection de l'Alsace en une république indépendante (1). L'Allemagne est tenue de montrer pourquoi l'annexion est nécessaire, avant de recourir à
l'*ultima ratio* du droit de conquête.

Mais je conteste l'exactitude historique des raisons sur lesquelles les Allemands fondent leur
prétention d'annexer l'Alsace et la Lorraine ; je
veux dire l'argument tiré de la sécurité contre une
agression française. Je ne puis, naturellement,
m'attendre à voir les Allemands accepter mon opinion, que la guerre a été, en réalité, provoquée
par le comte Bismarck. Mais je suis en droit de
leur demander d'admettre que la nation française
était innocente d'intentions agressives, puisque
leur propre empereur et son premier ministre at-
titré ont, au commencement de la guerre, résolûment et publiquement déchargé le peuple français
de tout projet hostile contre l'Allemagne. Le pas-

---

(1) La République neutre d'Alsace, par le comte Agénor
de Gasparin. — Genève et Bâle.

sage suivant est extrait d'un discours prononcé
par le roi de Prusse, à l'ouverture du Reichstag de
l'Allemagne du Nord, le 19 juillet, jour où la déclaration de guerre française fut lancée.

« Si l'Allemagne, dans les siècles passés, a silen-
cieusement supporté de tels outrages à ses droits et à
son honneur, elle l'a fait parce que, dans sa désunion,
elle ne sentait pas combien elle était forte. Aujour-
d'hui que les liens d'une unité intellectuelle et juste,
que les guerres de la liberté avaient commencé à
établir, rassemblent les races germaniques dans une
union plus étroite et par conséquent plus intime ; aujourd'hui que les armements de l'Allemagne ne lais-
sent plus d'accès à l'ennemi, l'Allemagne possède
en elle-même la volonté et la puissance de repousser le renouvellement des actes de la violence française.

« Ce langage n'est pas dicté par un esprit de vanterie. Les gouvernements confédérés et moi-même
agissons avec la pleine assurance que la victoire et la
défaite dépendent du maître suprême des batailles.
Nous avons mesuré d'un œil ferme la responsabilité
qui attend devant le tribunal de Dieu et de l'humanité
*celui qui précipite deux grands peuples aimant la paix,
au cœur de l'Europe, dans une guerre dévastatrice.* Le
peuple allemand et le peuple français, tous deux possédant également et désirant les bénédictions d'une
civilisation chrétienne et d'une prospérité croissante,
auraient dû être destinés à une rivalité plus sainte
que les sanglantes luttes des armes. *Mais le pouvoir
qui gouverne la France a su agir sur les sentiments*

*bien équilibrés, quoique susceptibles, du grand peuple
notre voisin, par de faux rapports calculés en vue d'intérêts et de passions personnelles.*

Le comte Bismarck, dans une dépêche déjà citée,
rendait un témoignage non moins fort des dispositions pacifiques du peuple français, et, comme le
roi, rejetait toute la responsabilité de la guerre sur
le gouvernement impérial (1). Le prince royal de
Prusse, également, proclamait aux habitants de
Nancy, et indirectement à toute la France, « que
la Prusse faisait la guerre à l'empereur Napoléon,
et non à la nation française ». Et jusqu'au moment
où l'Empereur fut prisonnier et son gouvernement
renversé, le gouvernement prussien ne tint pas le
peuple français, en tant que nation, pour responsable de la guerre. Si, après la capitulation de
Sedan, le comte Bismarck avait maintenu la distinction que son maître et lui-même avaient établie
entre l'empereur des Français et la nation française, et l'avait confirmée par une application pratique, il aurait pu alors assurer une paix qui aurait
excité la reconnaissance du peuple français et com-
mandé l'admiration du monde. Jules Favre offrait
formellement de payer telle indemnité de guerre
que le comte Bismarck jugerait convenable d'imposer, quoiqu'il répudiât, en même temps, de la
part de la France, toute responsabilité quant à

---

(1) Voir page 67.

l'origine de là guerre. Mais le comte Bismarck fit de la cession d'un territoire français une condition *sine quâ non* de la paix. Il avait comploté la guerre précisément pour cet objet, et ce n'était pas une paix durable, mais un état d'inimitié chronique qu'il souhaitait établir entre la France et l'Allemagne. Le passage que j'ai cité ci-dessus du discours du roi Guillaume au Reichstag prussien, est encore une nouvelle preuve qu'au commencement de la guerre du moins, le roi de Prusse ne projetait pas la conquête de territoires français. Il voyait assez clairement que la véritable défense de l'Allemagne consistait dans l'unité du front de bataille que, pour la première fois depuis des siècles, elle était maintenant en mesure de présenter à tout ennemi qui serait assez téméraire pour l'attaquer.

Il a été affirmé, et cette assertion a été répétée avec une emphase croissante, que la France était entrée dans la guerre avec le dessein de démembrer l'Allemagne. M. Horsman, entre autres, s'est livré à cette appréciation des faits, dans son discours à la Chambre des Communes du 17 de ce mois (février 1871). « La France a commencé la guerre, dit-il, la France a envahi l'Allemagne....... Qui a fait d'une cession territoriale le prix de la guerre? N'est-ce pas la France?»—Il est facile de poser une série de questions et d'y faire cadrer les réponses. Mais je me permets de dire que M. Horsman trouverait extrêmement difficile de prouver que « la

France ait fait d'une cession territoriale le prix de la guerre ». Le 23 juillet, quatre jours après la déclaration de guerre, l'empereur Napoléon lança une proclamation à la nation française, et dans cette proclamation il dit expressément : — « Nous ne faisons pas la guerre à l'Allemagne, dont nous respectons l'indépendance. Souhaitons que les peuples qui composent la grande nationalité allemande puissent librement disposer de leurs propres destinées. » Dans la proclamation qu'il adressa à l'armée le 28 du même mois, il dit : — « Je vais me placer à votre tête pour défendre l'honneur et le sol du pays. » Je ne sais pas, et M. Horsman, j'imagine, ne sait pas davantage, quelles peuvent avoir été les secrètes intentions de l'empereur Napoléon allant en guerre contre l'Allemagne ; mais rien ne peut être plus certain que l'absence de toute preuve en faveur de la présomption que le gouvernement impérial « faisait d'une cession territoriale le prix de la guerre ». Il est assez possible que tel eût été le cas si la fortune s'était déclarée en faveur de la France ; à tout événement, ma confiance dans la probité de l'Empereur n'est pas assez forte pour me faire entièrement méconnaître la possibilité d'une telle prétention. Mais ce dont je suis certain, c'est que l'Empereur des Français n'aurait pas annexé un pouce du sol allemand sans consulter les sentiments de ses habitants. C'était là une partie de son *credo* politique dont il n'a jamais dévié. Sa dévotion pour le principe du *plébiscite* peut avoir été une conviction sincère ou une affectation hypocrite. Mais dans les deux cas, elle était un précieux témoignage rendu au développement ascendant de la moralité politique. Lorsque le vice trouve nécessaire de rendre à la vertu l'hommage de l'hypocrisie, cela prouve du moins, et c'est là un point important, que la vertu est devenue la règle reconnue de la conduite humaine. Maintenant, quoique nous puissions penser de Napoléon III, ce n'est qu'un simple acte de justice que de reconnaître que, dans le cours de ses vingt ans de règne, il a fait plus qu'aucun autre homme de sa génération pour établir dans le code de la morale politique ce précieux principe, que les populations peuvent à bon droit demander à être consultées avant que leur allégeance soit transférée à un gouvernement étranger. Il a annexé Nice et la Savoie; mais seulement après que le suffrage des habitants eut sanctionné la translation. Et cela fait toute la différence.

Maintenant ce que je reproche à la Prusse c'est que, en prétendant annexer des territoires français, sans consulter la population, elle fait reculer de plusieurs degrés la civilisation de notre âge. Ce que je reproche à l'Allemagne, ce n'est pas qu'elle refuse d'être la première à inaugurer une politique meilleure que celle reçue jusqu'ici, « de donner un nouvel et meilleur exemple à tous les vainqueurs de l'avenir », comme l'exprime M. Edward Freeman (1). Mais c'estqu'elle répudie ouvertement un principe qui avait pris place dans la morale tacitement reconnue de l'Europe moderne, et qu'elle réduit à néant l'exemple qui lui avait été précisément donné par la nation qu'elle a vaincue. Les exemples que M. Freeman a invoqués pour justifier la politique de M. de Bismarck n'ont aucune valeur pour cet objet. « La Normandie ou la Bretagne, autant que j'en sache quelque chose, peuvent, dit-il, être unanimes, ou à peu près, en faveur d'un roi, tandis que d'autres vastes districts, par exemple l'Aquitaine ou le Languedoc, sont unanimes, ou à peu près, en faveur d'une république ». La majorité aurait, naturellement, un droit à réclamer la soumission de la minorité. Les Etats du Nord de l'Amérique ont forcé les Etats confédérés à rentrer dans l'union, et l'Angleterre ne possède pas l'Irlande par le consentement unanime du peuple irlandais, ni l'Inde par le consentement unanime de ses nombreuses tribus.

J'admets tout cela ; mais je ne puis découvrir le point d'analogie dans aucun des exemples qu'a invoqués M. Freeman. Il admet, je le suppose, que les nations sont capables d'une existence organique et peuvent être considérées comme des entités individuelles, possédant chacune, pour ainsi dire, une âme répandue parmi ses divers membres, et constituant l'ensemble d'après un type qui est *sui ge-*

---

(1) Voir sa lettre dans la *Pall Mall Gazette* du 16 février.

neris et peut être aisément reconnu comme tel.
La croissance d'une nation est aussi mystérieuse
que la croissance des divers individus qui la composent. Elle procède de lois qui sont aussi réelles
que celles qui gouvernent le développement de
l'organisation humaine. Elle se produit au milieu
d'une masse d'éléments hétérogènes, s'assimilant
ou rejetant, par un procédé de sélection infaillible,
ce qui sert ou ce qui nuit à la formation de son
système. Et cette aptitude des hommes à s'agglo-
mérer, par l'attraction d'invisibles affinités, en
une existence collective autour d'un commun
centre de vie est reconnue dans les usages ordinaires du langage humain. Des phrases telles que
« la vie nationale », « la littérature nationale »,
« le progrès national », « la décadence nationale »,
et autres analogues, présupposent le point sur
lequel je viens d'insister.

Or, cela étant accordé, il s'ensuit comme une
conséquence naturelle que le corps politique dans
son ensemble a le droit inhérent à son essence
de contraindre à l'obéissance ou de rejeter de son
sein tout membre récalcitrant. Mais parce qu'une
nation peut agir ainsi dans les limites de sa
propre existence, il ne s'ensuit pas qu'un étranger
ait le droit de la démembrer pour son propre
bénéfice ou son plaisir. Le professeur Max Müller
affirme carrément « qu'il serait subversif des
principes cardinaux du droit public d'admettre
qu'une guerre non provoquée soit expiée par

une simple indemnité pécuniaire ». Passant sur cette assertion que la guerre en question a été « une guerre non provoquée », j'objecte que ces prétendus principes cardinaux n'ont aucune autorité pour les sanctionner autre que le « *ipse dixit* » du professeur Max Müller. Je maintiens au contraire qu'infliger une mutilation permanente à un ennemi abattu, n'est rien autre chose que l'application aux querelles internationales de la méthode de scalper, pratiquée dans la guerre des sauvages.

Maintenant contrôlons les exemples de M. Freeman par les moyens d'épreuve que j'ai tracés, et dont je suppose que personne ne contestera la validité. L'Amérique avait le droit de ramener de force dans l'Union les Etats sécessionistes du Sud, et la France aurait le droit de contraindre à une soumission involontaire la Normandie ou l'Aquitaine par la raison, très-suffisante dans les deux cas, que le jugement privé des parties séparées doit céder au jugement collectif de l'ensemble. Mais comment cela prouverait-il que l'Allemagne ait le droit d'arracher du corps vivant de la France deux provinces qui palpitent dans tous leurs nerfs de la vie française ?

Les nations peuvent, il est vrai, posséder des territoires extérieurs qui ne respirent pas la vie commune de la nation, et qui ne peuvent être considérés comme constituant, dans un sens véritable, une portion de son intégrité. Ceux-là peu-

vent être séparés d'elles sans violer ce qui sera
encore, j'en ai la confiance, reconnu comme un
principe fondamental de la morale politique. Si la
Prusse, par exemple, voulait s'annexer Pondichéry
ou l'Algérie, cette prétention, quoi que nous pus-
sions en penser au point de vue politique, choque-
rait notre conscience beaucoup moins que l'annexion de l'Alsace et de la Lorraine. La bande de
territoire que nous avons enlevée à la Russie à la
fin de la guerre de Crimée est un autre exemple à
citer. Il éclaire mes principes, mais il n'appuie pas
l'argument de M. Freeman. Ce territoire appar-
tenait à l'empire russe, mais ne faisait point partie
de la nation russe. Ce n'est donc nullement un
précédent en faveur de ce que l'Allemagne se propose de faire. Il en est de même du pays d'Oude,
autre exemple de M. Freeman. Ces principautés
orientales sont plutôt des agrégations d'atomes
humains que des existences nationales organiques;
et que l'annexion de quelques-unes d'entre elles
soit ou non défendable par d'autres raisons, elle
n'appartient certainement pas à la même catégorie
que l'annexion de l'Alsace et de la Lorraine.
M. Freeman, en fait, méconnaît le point de l'objection qu'il s'est donné lui-même à combattre. La
question à résoudre n'est pas de savoir si l'on a
raison ou tort de transférer une population d'un
gouvernement à un autre sans la consulter. Il ne
s'agit pas non plus de savoir si le nouveau gouvernement a le droit de la forcer à la soumission dans

le cas où elle se révolterait. Ce sont là des questions
qui doivent être jugées selon leur valeur propre et
conformément aux circonstances de chaque cas
particulier. Le point du débat est en réalité celui-
ci : — N'est-ce pas un pas rétrograde dans la
civilisation pour un vainqueur que d'amputer toute
une portion d'une nation que la fortune de la
guerre a placée à sa merci, et cela contrairement
au véhément désir, à la fois, de toute la nation
dans son ensemble et de la portion amputée en
particulier? Je pense qu'il en est ainsi et qu'aucune
puissance civilisée ne s'est rendue coupable d'un
semblable outrage, depuis l'exécrable partage de
la Pologne. L'argument de M. Freeman élude donc
l'objection réelle à la politique de la Prusse, et l'on
peut difficilement le prendre au sérieux lorsqu'il
cite l'Irlande comme l'un de ses exemples. N'y a-
t-il pas une profonde différence entre l'acte de tirer
le meilleur parti possible d'un état de choses dont
nous avons hérité par une prescription de sept
siècles, et l'action de se créer, de propos délibéré,
une difficulté irlandaise dans la seconde moitié du
dix-neuvième siècle? Même l'Irlandais le plus
ardent partisan du rappel aurait de la peine à sou-
tenir qu'une complète séparation de l'Irlande et de
l'Angleterre, au présent jour, n'entraînerait pas à
sa suite une masse incalculable de misères et d'in-
justices. Ce serait une révolution sociale et politique de première importance, et les gouvernements doivent y regarder à deux fois avant d'ouvrir

les écluses d'une révolution de ce genre. De plus, c'est une simple présomption que la majorité des Irlandais désire une complète séparation d'avec l'Angleterre. Au contraire, ce n'est pas une présomption, mais un fait patent que la majorité des populations de l'Alsace et de la Lorraine déteste l'idée d'une annexion à l'Allemagne.

L'annexion de l'Alsace et de la Lorraine dans ces circonstances sera une tache sur l'écusson du nouvel empire allemand, tache qu'un déluge de sophismes ne suffira pas à laver. Et ce sera aussi une acquisition dangereuse. La mutilation à elle infligée par l'Allemagne induira la France à chercher des alliances qui puissent l'aider à venger ses injures. Cela peut convenir à la politique du comte Bismarck, comme je l'ai déjà indiqué ; mais cela conviendra-t-il au bien-être de la grande nation allemande? L'Allemagne est-elle tellement forte qu'elle puisse sans danger s'isoler du bon vouloir du reste de l'Europe ? L'annexion des provinces françaises consommera certainement cet isolement. La Russie pourra peut-être s'allier avec l'Allemagne pour un temps. Mais cette alliance ne pourra être durable, car elle sera fondée sur des motifs de jalousie mutuelle ou sur la préméditation de quelque dessein illégitime ; et l'on ne peut compter sur une alliance de ce genre à l'heure du danger. Non, les puissances qui sont certaines de former une alliance à une période peu éloignée, sont la Russie et la France, et cette alliance ne présagera rien de bon pour l'Allemagne. La patrie allemande (fatherland) n'aura pas toujours un Bismarck pour jouer les gouvernants et les diplomates de la France, ni un Moltke pour conduire la stratégie de ses armées. Dans une telle éventualité, l'allié naturel de l'Allemagne serait l'Angleterre, avec ses flottes victorieuses et ses forces réorganisées. Mais on ne verra plus jamais de nouveau l'Angleterre combattre à côté de l'Allemagne, tant que cette dernière tiendra deux millions d'êtres humains en esclavage aux bords du Rhin et de la Moselle. Et en suivant cette conduite, l'Angleterre ne cédera pas à des tendances égoïstes ou à une sordide ambition. Si, en réalité, sa politique était dictée par ces considérations matérielles que des publicistes étrangers lui imputent si libéralement, elle saluerait avec délices le démembrement de la France, sachant qu'il lui assurerait un ardent allié toutes les fois qu'il pourrait lui arriver d'en avoir besoin. L'unité allemande n'est pas encore achevée, et le jour peut venir où l'Allemagne pourra regretter l'absence de l'Angleterre à ses côtés. L'étoile de la France est dans ce moment sous l'horizon. Mais, après tout, son cas n'est pas aussi désespéré que l'était celui de l'Allemagne en général et de la Prusse en particulier, au commencement de ce siècle. Alors, d'après l'historien allemand de la révolution française Von Sybel, c'était une question pendante que de savoir « si, peut-être, après un entier démembrement de la Prusse, le restant de l'Allemagne ne deviendrait pas une province de la maison de Hapsbourg-Lorraine. » C'est peut-être maintenant le tour de la France d'être démembrée ; mais l'Allemagne doit bien se rappeler qu'il y a, dans tout acte d'injustice, une Némésis qui doit tôt ou tard redresser la balance. Les fautes des nations, comme celles des individus, sont inévitablement expiées un jour. La France expie les siennes, et l'Allemagne est l'instrument choisi pour son châtiment. Mais le tour de l'Allemagne viendra à son heure, si, elle aussi, dans l'orgueil de sa prospérité, oublie que « la droiture exalte une nation », et que « le péché est un reproche pour tout peuple ». Les lois morales de Dieu ne peuvent être violées avec impunité, et il n'est pas vrai qu'Il soit toujours « du côté des gros bataillons ». Il peut paralyser leur force, ou susciter contre eux des bataillons encore plus nombreux, comme le peuple français l'a appris à ses dépens. Peut-être était-il nécessaire que la France bût la coupe d'humiliation jusqu'à la lie ; mais malheur à celui qui porte la coupe à ses lèvres ! « Celui qui te dépouille, dit l'Ecriture, sera dépouillé, et ceux qui rapinent sur toi, je les livrerai en proie. » Les Français d'aujourd'hui sont en train d'expier les crimes du premier Empire, et peut-être aussi du second. Une génération future d'Allemands pourra bien aussi avoir à payer pour la perfidie et les excès du comte Bismarck.

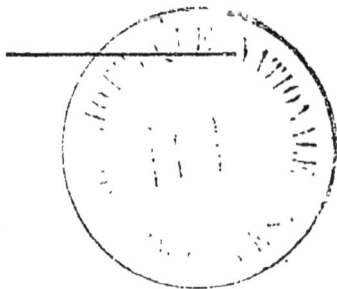

www.ingramcontent.com/pod-product-compliance
Lightning Source LLC
Chambersburg PA
CBHW071801090426
42737CB00012B/1900